要領が悪かった私が
たった5分の
「頭脳ノート」メソッドで

「記憶力」
「アイディア力」
「情報整理力」

が覚醒した理由

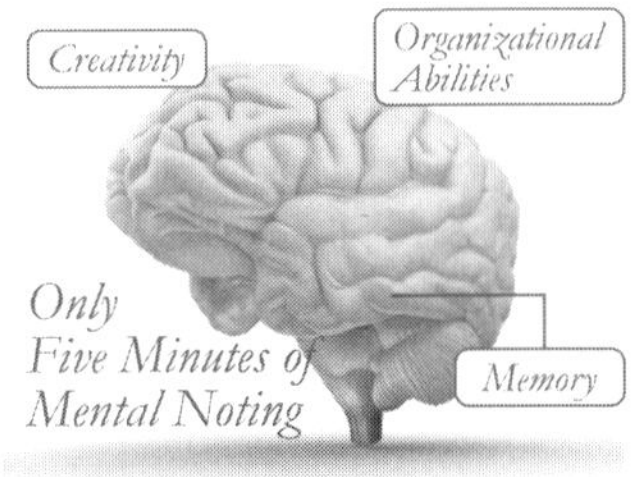

マルコ社

はじめに

仕事の効率を上げるために、どうして脳科学とノートメソッドに着目したのか?

会社に就職して、5~6年も経てば、勝手がわかるようになり、指示されなくてもひとりで業務をこなせるようになると思います。まだまだ半人前な点を挙げればきりがありませんが、自信も少しずつ付いてくるころでしょう。しかし、このころから同期の間でも、会社からの評価に差が見られるようになってくるはずです。先輩や上司に目をかけられ、責任ある仕事を任される同期を見ると、先を越されると焦りを感じるかもしれません。あるいは、なぜ自分ではないのかと憤りを感じる人もいると思います。

もちろん、早く評価されたからといって、成功が約束されるわけではありません。大器晩成型の人だって世の中にはたくさんいます。とはいえ、出世することを目標に置いていなかったとしても、自分よりも評価される人を認めるのは、簡単なことではありません。

自分だって頑張っているという自負がある人ならなおさらです。

だからといって、同様の評価を求めても、周囲の認識や日頃の印象を急激に変えることは難しいでしょう。信頼や実績は、地道に積み上げていくしかないからです。悩ましいことですが、それが現実です。

また、すでにキャリアの長い中堅社員の方もこうした理不尽なことは経験済みだと思います。要領が良く、上司に取り入るのがうまい人はどこにでもいます。ビジネスでの成功において、組織の中で生き抜く要領の良さは欠かせない要素だと言えるでしょう。

では、要領が悪く、組織でうまく立ち回れないような人が、それを改善して、要領よく働くためにはどうしたらいいのでしょうか？　上司や先輩に取り入る世渡りのうまさには興味がない人でも、仕事の効率を上げる、そんな要領の良さなら興味があると思います。

しかしながら、見積もりの書き方や営業の心構え、電話の取り方など、仕事のやり方に関するマニュアルは会社でも教えてくれますが、効率のよい働き方については誰もレクチャーしてくれません。てきぱきと仕事をこなせるほうが、会社にとっても好都合なはずなのに、そこは本人任せです。

そこで本書では、要領よく働くための方法について考察してみることにしました。なかでも「情報整理力を覚醒させる」「記憶を定着させる」「時間感覚をコントロールする」「アイディア力を高める」「直観を磨く」「問題を素早く解決する」という6点に注目して、考察しています。

なぜこの6点に絞ったのかといえば、これらのスキル・能力はビジネスにおいて重要であるにもかかわらず、いざその本質や能力を伸ばす方法について考えてみると、曖昧で概念的な話になりがちだからです。仕事ができるどこかのカリスマが経験則で語るようなビジネス書はよく目にしますが、それを鵜呑みにしても、そのメソッドが誰にとっても有効とは限りません。体験談は一見すると、説得力があるように思えますが、状況や再現する人が異なれば、まったく違う結果になることも珍しくはありません。

そこで本書では、できるだけ科学的な方法を探ろうと、脳科学の観点から先に挙げた6つの能力について、検証しています。そして、同時に具体的なメソッドに落とし込むことを目的に、ノートメソッドにも着目しました。ノートメソッドは、ビジネスの現場で頻繁に活用されるポピュラーな仕事術だからです。

例えば、記憶力を伸ばす方法を知りたいなら、まず脳における記憶のメカニズムを知ることが先決です。体験したり収集した情報は、どのように記憶として記録されるのでしょうか？　仕事を効率的に進めるうえで欠かせない情報を漏らさず記憶するにはどうすればいいのか、考える必要があります。

そのため最先端の脳研究に携わっている脳科学者への取材も行っています。基礎的な脳のメカニズムを解説していただきながら、最新の研究についても言及してもらっています。脳科学で検証を行い、どうすればスキルや能力を伸ばすことができるのかをノートメソッドとして具現化したものが、本書で提唱する「頭脳ノート」メソッドになります。

「情報整理力」「記憶力」「時間感覚」「アイディア力」「直観」「問題解決力」というビジネスに欠かせない力を、誰もが携帯しているノートを使って、いかにして向上・覚醒させるのか？

日頃の業務を昨日より今日、今日より明日と効率化させたいと考えている前向きなビジネスパーソンの方々にとって、本書がそのヒントを提供できると、信じています。

ぜひ一度、本書が提唱する頭脳ノートメソッドをお試しください。

第1章

情報整理力を覚醒させる

情報整理力を覚醒させる頭脳ノートメソッド

5min

Note.

第5章 直観を磨く

〜直観はただの思いつきではない。経験が導く最適解である 143

第6章 問題を素早く解決する

～意思決定を素早くするには自ら決断する経験を積むことが大事 175

・前頭前野腹内側部を損傷するとリスク管理ができなくなる
・意思決定は質問の仕方に左右されバイアスや影響を受けやすい
・望まない選択をしても人はそれを正当化しようとする

問題解決力を覚醒させる頭脳ノートメソッド 5min

Note.

第1章

情報整理力を覚醒させる

～情報は海馬で整理し、
大脳皮質で保管する

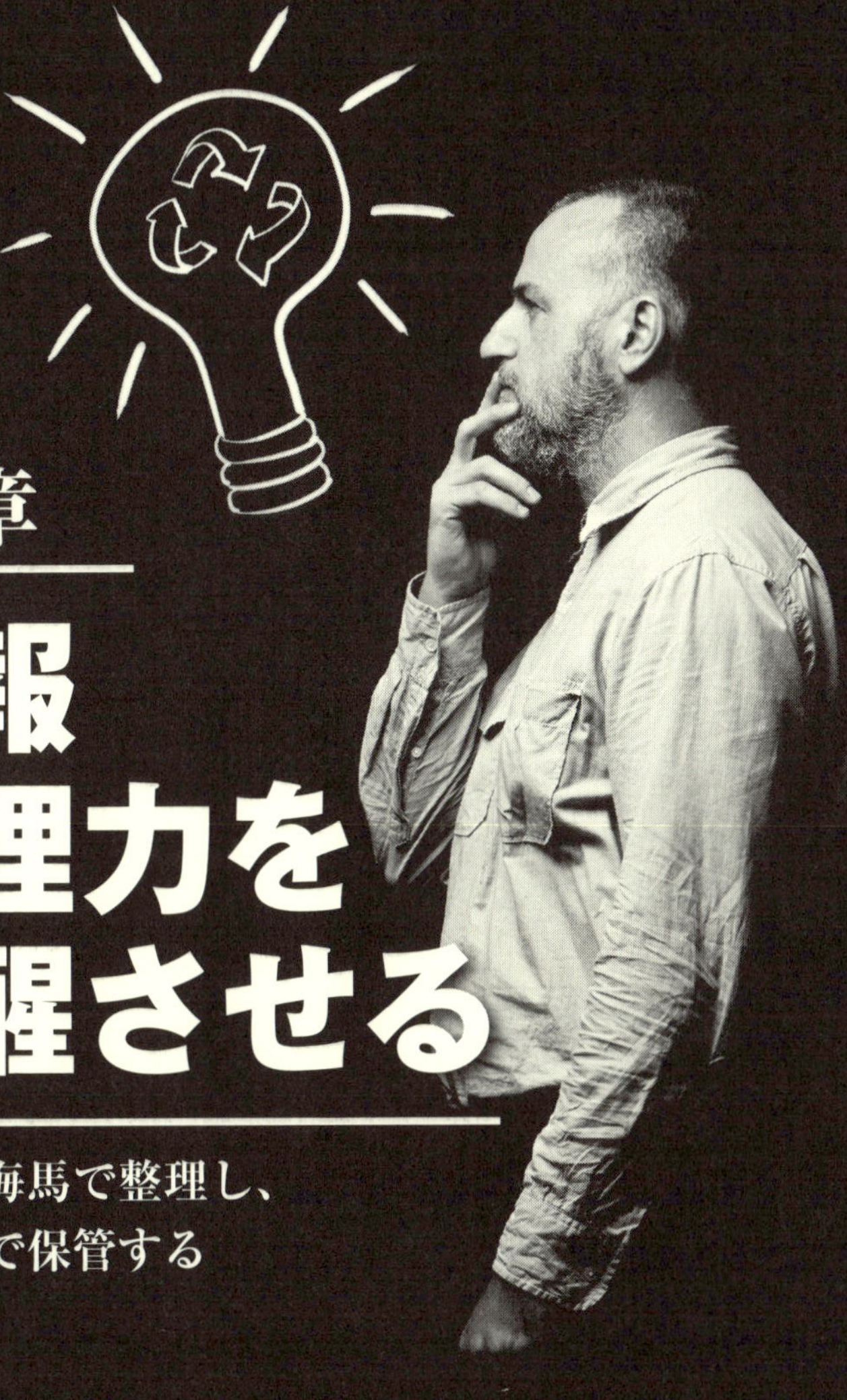

情報に踊らされることなく整理し、生かしていく方法とは

私たちは毎日、非常に多くの情報に触れながら、生活しています。テレビを付ければ世界中のニュースが流れ、移動中にもスマートフォンで情報交換しています。こうした世の中の話題だけではなく、個人的な情報も溢れています。週末のスケジュール、彼女や奥さんとの記念日、お弁当や夕食の献立予定、お気に入りのマンガの発売日などなど、挙げればきりがありません。ビジネスの現場でも、新商品の売り上げ状況、倉庫に抱えている在庫数、達成すべき営業ノルマなど、さまざまな数字が飛び交っています。また、消費者の好みや市場のトレンド、取引先担当者の性格、あるいは上司の癖や機嫌のよし悪しなど、数字では表現できないような情報も把握しています。そして把握するだけではなく、それを積極的に活用しています。

さらにトラブルが発生すれば、緊急の情報が追加され、その処理に忙殺されることもあります。こうした切羽詰まった状況ではとくに余裕がなくなり、処理することに追われてしまいます。そして、効率を考えながら行動することができなくなっていきます。経験が乏しければ、優先順位を付けるなど、的確に対処することが難しくなります。

忙しくなればなるほど、情報の多さに混乱して、冷静さを失ってしまうからです。するると、ずるずると作業が遅れていき、いつしか要領が悪いというレッテルを貼られることになるわけです。自分のせいじゃないと嘆きたくもなりますが、言い訳としか受け取ってもらえないでしょう。

では、どうすれば、溢れる情報を的確に整理して、迅速に行動することができるようになるのでしょうか？　情報を整理する力を向上させて、覚醒させる方法はあるのでしょうか？

ここでは私たちの脳がどのように五感で収集した膨大な情報を処理し、行動を決断しているのか、まずは情報整理のメカニズムを最新の研究成果などとともに、明らかにしていきます。メモの取り方など情報との向き合い方を学ぶ前に、脳の特徴を知ることが近道だと考えるからです。そして同時に、ノートやメモ帳を使ってスケジュールや行動を管理するためのノートメソッドを紹介していきます。

要領よく振る舞うための第一歩は、いかに情報を整理し、現状を把握するかにかかっています。そのスキルや能力を一緒に磨いていきましょう。

情報整理力を覚醒させる
～情報は海馬で整理し、大脳皮質で保管する

私たちが日々、経験したことや学習したことを、脳はどのように記憶し、情報を管理しているのでしょうか？　情報には形がなく、またノートやメモ帳とは違い、脳に物理的に書き込むわけにもいきません。それなのに、私たちは多くの情報を脳に蓄え、ときには古い記憶を引っ張り出してくることもできます。はたして脳が行っている情報整理は、どのようなメカニズムになっているのでしょうか？

人間の脳は成人でおよそ1・5キログラムになると言われている人間の脳は、大脳、小脳、脳幹の3つから構成されています。そして外部の衝撃から守るため硬い頭蓋骨の中に、脳脊髄液という液体とともに収まっています。

大脳が最も大きく、大脳皮質で覆われています。大脳皮質の表面にはいくつものシワがあり、すべて伸ばして広げると、新聞の一面大程度の大きさになると言われています。また大脳皮質の厚さは一定ではありませんが、およそ2～5ミリで、数百億と言われる神経細胞が層になっています。さらに脳溝と呼ばれる凹みがあり、それによって4つに分類されています。前頭葉、

側頭葉、頭頂葉、後頭葉という名称がそれぞれ付けられており、機能も異なっています。

前頭葉には運動の制御に関わっている運動野のほか、言葉を発したり文字を書いたりする言語機能を担っているブローカ野などがあります。大きさも大脳全体の30％を占めるなど、最も大きな領域となっています。そのほか側頭葉、頭頂葉、後頭葉からの情報をまとめている前頭前野もあり、**前頭葉は判断や行動の決定なども担っている**と考えられています。

耳に近い位置にある側頭葉には聴覚野のほか、聞いた言葉を理解するときに働くウェルニッケ野があります。記憶や嗅覚にも関与していると言われます。

頭頂葉には骨格や関節などから伝わる感覚情報を処理する一次体性感覚野、感覚情報を分析処理する体性感覚連合野などがあります。そして後頭葉には、色彩や視覚の認識に関わる視覚野があります。

また、大脳は半球形をしており、右大脳半球と左大脳半球に分かれます。そして両者は脳梁という神経線維の束でつながっています。

前頭葉に心がある？情報を管理する司令塔

こうしたさまざまな大脳の部位の中でも、思考や創造性といった複雑な情報の処理を担っているのが、前頭葉です。この前頭葉の研究には、19世紀のアメリカで事故によって脳を損傷したひとりの男性の存在が深く関わっています。

それはフィネアス・ゲージという人物です。彼は鉄道会社の作業員として、工事現場にいた際、爆破事故に見舞われ、大怪我を負いました。爆破で吹き飛んだ鉄の棒が彼の頭に突き刺さり、前頭葉の大半を失ってしまったのです。奇跡的に一命を取り留め、鉄の棒も摘出できたのですが、知人たちが「もはやゲージではない」と漏らすほど、この事故を境にして、彼の人格と行動は大きく変わってしまったと言います。

事故に遭う前は温厚で仕事のできる現場監督だったそうですが、きまぐれで、下品になり、仲間への敬意も見られなくなりました。また頑固で、優柔不断になり、衝動的な行動をとるようになってしまいました。そこでこの出来事をきっかけに、**人間の性格や心、意識などを前頭葉が担っているのではないか**と考えられるようになったわけです。

大脳の大半を占める大脳皮質の内側には、また別の部位が存在します。それが帯状回、扁桃《へんとう》体《たい》、海馬などです。これらはまとめて大脳辺縁系と呼ばれています。帯状回は呼吸器の調節や意思決定、共感、感情による記憶に関与していると言われ、扁桃体は交感神経のほか、恐怖感や不安の感情、情動の処理に関連していると言われています。

人間の大脳皮質は他の動物と比べると、脳に占める割合がひときわ大きいことが知られていますが、大脳辺縁系に限ると他の動物と比べても、その割合が変わりません。そして、扁桃体が恐怖や不安など原始的な感情を司り、帯状回が空間認知や記憶に関与していることなどから、大脳辺縁系は動物が生きていくうえで欠かせない機能を担っているのではないかと考えられています。

私たちが**情報を整理し、記憶する際には、大脳皮質と大脳辺縁系にある海馬が大きな役割を担っています**。体のすみずみまで張り巡らされた神経は、さまざまな器官につながり、その情報が中枢神経から大脳皮質に伝達されます。大脳皮質では一度、情報が集約され、今後は海馬に送られます。海馬では情報を整理し、ときには統合して、記憶として構成していきます。その際に、空間の把握や時間の移り変わりも付加され、より正確な記憶へと変えていくと言われています。

そして、いらない情報と必要な情報を取捨選択し、一定期間、海馬で蓄積されます。蓄積される期間は1カ月から数カ月だと言われています。その後、再び大脳皮質に送られた情報が長期記憶として保管されることになります。

シナプスで電気信号から化学信号に変換して伝達

では、脳は具体的に情報をどのように伝えているのでしょうか？　電気信号と化学信号を使い、伝達しています。脳にある神経細胞は、中心に細胞核を持つ細胞体とその周りから伸びる樹状突起と軸索という組織からできています。樹状突起は枝のように、あちらこちらへと分岐しており、他の神経細胞から情報を受けることができるようになっています。軸索はひとつの細胞体から一本だけ出ており、他の神経細胞に情報を送る役割をしています。樹状突起と軸索による神経細胞同士のやりとりは、電気信号で行われています。

ちなみに私たちが日常的に使っている電気ではなく、電子を帯びた粒子であるイオンが使われています。ナトリウムイオンと塩素イオン、カリウムイオンの3つがあり、神経細胞はこれらを組み合わせて電気を発生させています。

神経細胞同士のつなぎ目はシナプスと呼ばれていますが、ひとつの神経細胞につき、約1万のシナプスがあると言われています。大脳だけで数百億個の神経細胞があるとされているため、シナプスの数は膨大になります。したがって、神経細胞同士の情報の交換も膨大な量になるわけです。

神経細胞が情報の交換をしていると言いましたが、厳密にいえば、それぞれの神経細胞はつながっていません。シナプスとシナプスの間には、数万分の1ミリという、わずかな隙間が空いています。しかし、この隙間を電気信号は通ることができないため、末端で電気信号から化学物質に変換され、伝達されています。受け取る側の神経細胞の表面には放出された化学物質をキャッチするための受容体（レセプター）があります。

さらに神経細胞が作り出す化学物質は100種類以上あると言われています。よく知られている化学物質のひとつがドーパミンです。ドーパミンは大脳基底核にある黒質と呼ばれる部分で作られ、線条体に情報を伝達しています。精神活動を活発にし、快感を与える物質としても知られています。ちなみに黒質が何らかの原因で変調をきたし、ドーパミンの分泌が減ってしまうと、パーキンソン病という難病を発症します。

そのほか注意や不安、学習に関わるとされるノルアドレナリンや、脳の覚醒や活動を抑える役割のあるセロトニン、脳内麻薬と呼ばれるβエンドルフィンといった物質が確認されています。

情報伝達の概要について説明しましたが、情報の保存・貯蔵はどのような仕組みで行われているのでしょうか？　海馬から送られた記憶情報は電気信号となって、大脳皮質の神経細胞を刺激します。このときの**刺激が強ければ強いほど、伝達の効率が増して、特定の電気信号が通りやすい回路が作られる**と言われています。

この回路が長期間持続することで記憶が保存されると考えられています。例えば一度保存された記憶が引き出されるときには、この回路に再び電気信号が流れ、思い出す仕組みになっています。

スパインの性質が示す繰り返し学習の重要性

また近年、記憶を定着させる際に、重要な役割を担っているのではないかと考えられている組織があります。それが神経細胞の樹状突起にある「スパイン」という名の突起物です。スパインはスペイン語で「棘《とげ》」を表すそうで、シナプスの情報を受け取る側の樹状突起に存在しています。

繰り返し同じ情報が伝達されると、最初に情報が伝達されたときと同じスパインに伝えられると言われています。すると、特定のスパインが大きくなることがわかってきました。そして、スパインが大きくなると電気信号を効率的に受け取ることができるようになると考えられています。

またスパインは常に変動しており、小さいスパインは消えてなくなることもあります。ただ、繰り返し情報が入り、大きく成長したスパインは消滅しにくくなります。そのため繰り返し学習することで、スパインが大きくなり、さらに安定して情報を受け取ることができるのではないかと考えられています。そして、**スパインが安定すると、記憶として定着しやすくなる**というわけです。

このような脳の情報整理・記憶のメカニズムを知れば、効率的に情報を蓄えるための頭脳ノートメソッドが見えてきます。情報を選別している海馬の隣には扁桃体があり、恐怖や不安を感じると、それを海馬に伝える仕組みになっています。したがって、情報に感情というフックが付けば、情報が記憶されやすくなるかもしれません。

またスパインの性質から、**記憶を定着させるためには、繰り返すことが極めて重要だということがわかります。情報が伝達される回路を作り、その回路を強化していくわけです。**そのためには何度も繰り返し見返すことで、大事な情報を振り返る必要があります。このような手順を意図的に踏むことで、忘れてしまうような短期記憶から長期記憶へと変換されるのかもしれません。

Note. 01 原則1ページ=1案件。複数の案件を書き込まない

5min

情報整理力を覚醒させるには、どんな点に心がけて、メモをとればいいのでしょうか？ まずひとつ目のポイントは、**「1ページ=1案件」という原則**です。社内会議や上司との打ち合わせの要点をメモしたり、思いついたアイディアを忘れないように記録しておきたい。そんなとき日頃使っているメモ帳を広げると、以前使ったページにまだ書くスペースが残っていることがあります。もったいなさを感じて新しいページではなく、その余白からメモをとりはじめる人が多いのではないでしょうか？ しかし、その**余白を使ってはいけません**。

メモは読み返すときのことを想定しながら書くというのが、情報整理力を高める重要なポイントになります。メモ帳やノートをはじめのページから、順番に使っていくとします。とくに日付や案件で区切らず、次から次へとメモしていきます。

すると、どうなるでしょうか？ 後日、そのメモを振り返ったときに、何について記載したものなのか、瞬時に判断することができなくなってしまいます。どこからどこまでが、案件A

に関するメモなのか、すぐには理解することができません。そうなると、いちいちメモしたときの状況や文字から要点を思い出す作業が必要となります。これではすんなりと情報が頭に入っていきません。時間も無駄にします。日頃から、**どの案件に関するメモなのか、ひと目でわかるような工夫をしておくことが大切**です。

したがって、1ページに1案件というルールを作り、視認性を高めることで、あとで見返したときに目に重要な情報が飛び込んでくるようにします。

メモをとるときは書くスピードが要求されるケースが多いので、多少、字が汚くても構いません。人に見せるようなものではないため、自分が理解できるなら、それで問題はありません。

しかし、複数の案件について書き込みがあれば、探すのが面倒になり、自然と見返すこともなくなってしまいます。メモをしておかなくても覚えていられるようなことなら、そもそもメモをする必要はないのです。忘れる恐れがあるからこそ、メモを見返すわけです。ですから1ページには複数の案件を書き込んではいけません。**話題が変わったら、必ず新しいページからメモをすることを習慣づけましょう。**

もちろん、メモすることが多すぎて、1ページで収まらない場合には、次のページを使っても構いません。

Note. 02 見やすさと追記を想定してノートには余白を残す

5min

書き込んでおきたいことがたくさんあると、ノートにビッシリとメモをしがちです。あれも重要だ、これも忘れてはいけない貴重な情報だ、ここも大切なことかもしれないから、いちおうメモしておこう――そんなふうにメモをとっているうちに、書き取る量が膨れ上がっていきます。もちろんメモをとるときには、重要かどうかの判断は後回しで構いません。

会議の議事録など、とにかく急いで書かなければいけないこともありますし、書き忘れたことを後悔するくらいなら、手当たり次第に書き留めておいたほうがいいでしょう。見やすいノートになるように構成を考えている暇もないと思います。

余白を見つけたら、構わず記載する。手を動かすことが何よりも優先されるはずです。ただ、そうはいっても、隙間がないくらいに文字で埋め尽くされたノートを見て、頭が整理されるでしょうか？　むしろ何を自分は書いたんだと、混乱してしまいます。メモは何のためにとるのでしょうか？　忘れないためというのはもちろんですが、**頭では整理しきれない大量**

の情報の中から、重要なポイントを抜き出し、視覚化するためです。その後、要領よく動くための判断材料にするのです。メモを眺めながら、次に何をすべきなのか、優先順位を付けて、予定を組んでいくことができます。記録のためだけではなく、その情報を有効に活用してこそ、ビジネスパーソンのメモなのです。

そのためには、**ノートに余白を残しながら、書くことが大切**です。慌ただしく書き取っていても、メモとメモの間隔を空けながら書くことくらいできるはずです。そうやって余白を残しながらメモをとれば、**あとから見返したときに見やすく、頭の中の整理もしやすくなります**。

また、余白を残す意味はもうひとつあります。それはメモを見返したときに追記をしやすくするためです。読み返しているときに、アイディアを思いついたり、補足しておきたいことを見つけたら、余白に追記していくのです。こうすることで、点在していたメモが線で結ばれ、より問題点や課題を把握しやすくなります。**断片的だった情報を再構築して、発展させることができる**わけです。

したがって、見やすさと追記することを想定しながら、すみずみまで書き込まず、ノートには余白を残すようにしましょう。

Note. 03 検索しやすくなるよう簡易な「見出し」を付ける

5min

ノートを有効活用するために欠かせないメソッドのひとつに、「見出し」があります。「見出し」というのは、雑誌や新聞などで、記事の内容が一見してわかるように、主に文頭などに配置する短いフレーズのことです。記事の内容を要約した言葉を並べたり、とくに印象深い点を抜き出したりして、まとめます。

出版業界では、この**「見出し」のことを「アイキャッチ」と呼ぶ**ことがあります。記事が読み飛ばされないように、印象的な言葉で誌面を飾り、目を釘付けにする役割があるからです。雑誌のページをめくる手が思わず止まるような、刺激的な言葉で読者を惹きつけるわけです。

ノートにもこの**「見出し」を加えることで、書き留めた情報が整理され、また同時に、たくさん書き連ねたメモの中から、目的の情報を探しやすくなります**。ノートを後日、見返したときに何についてのメモだったのか、自分でもわからなくなることがありますが、それを避けるために、メモを書き終わったら、要所要所に「見出し」を加えていきましょう。その際にはできるだけ簡潔に、そして具体的な言葉を入れるよう意識するといいでしょう。

例えば「新入社員面接で質問するポイント」「A社の商品Bが抱えている課題」「春に展開する新キャンペーンのアイディア」といった具合に簡潔な内容で構いません。

またすべての箇所に見出しを入れる必要はありません。明らかに何について書いたのかわかるメモの周辺や、優先順位が低そうなメモのそばには「見出し」を入れる必要はありません。

自分が何についてメモをしたのか、ひと目でわかるような言葉で「見出し」が作れるようになると、情報の検索がどんどんしやすくなっていきます。「見出し」を付けるときには、メモするときに使ったペンとは**異なる太さや濃さのペンを使用すると、「見出し」が目立つようになる**ので、さらにいいでしょう。なかにはカラーペンで「見出し」を書く人もいますが、そこまで手間をかけると面倒に感じる人もいるので、あまりおすすめしません。

あくまで見やすくするための工夫なので、「見出し」作りに必要以上に時間をかける必要はありません。あまり考え込まず、サッと書き足すようにしましょう。「見出し」作りに慣れてくると、簡単にできるようになっていきます。

「見出し」作りは、点在するメモを見返しながら、文章の要点をまとめていく作業です。そのため**「見出し」を付ける作業をしているだけで、頭の中がすっきりと整理されていく**のを感じると思います。

Note.
04

略語や記号を駆使して、メモのスピードをアップ

5min

ノートをどんな目的で使用するのか？　その用途はさまざまですが、会議の議事録をまとめたり、講演の要点を記録するなど、話している内容をメモするときには、書くスピードが求められます。聞いた言葉をそのままメモしようとすると、とても手が追いつかず、気づいたときにはもう次の話題へと移ってしまいます。口述筆記は思いのほか、難しいものです。

そこで活用したいのが、略語や記号です。**会議などで頻出するフレーズや業務内容、確認事項、あるいは取引先や人名、役職まで、省略できるものはすべて略語や記号を使ってメモ**します。例えば、会議の中で「取引先であるメモ社に電話することが決まった」とします。こんなときは「メ社→Ⓣ」とします。あるいは、「次の打ち合わせまでに部長に報告書を提出する」のなら、「B→Repo、次MTGまで」といった具合にメモをとっていくわけです。重要度が高い業務なら、さらに「(重)」と記号を付けておきましょう。

コピーするは「Co」や「CP」、不確定な情報や確認が必要な情報には「?」を追加します。

略語・記号の例

電話をする	Ⓣ
メールをする	M
会議	会ギ
打ち合わせ	MTG
報告書を書く	Repo
重要	㊣重
保留	保
未確認	?
部長／課長	B/K

人名も渡辺さんなら「Wベ」、田中さんなら「T中」と略します。とくに画数の多い漢字は書くのに時間がかかり、ひらがなにしても文字が増えてしまうケースがあります。そういうときは、**アルファベットやカタカナを駆使して、文字を減らしていきます**。

もちろん略語や記号は自分で覚えやすいようにアレンジしたり、自己流のものを編み出して使っても問題ありません。あとから読み返したときに、きちんとその内容が理解できるようなら、どんな略語・記号でも構いません。

このように略語や記号を使ってメモをすると、時間を省略することができ、とても便利です。また、**書く作業にばかり集中して、会話の内容があまり頭に入ってこないという事態も避けられる**わけです。

Note. 05
チャートやマトリクスなど図を活用して思考を整理

5min

ビジネスでノートを活用する大きな意義のひとつに、図を描き込むことで、思考を視覚化し、情報を整理できる点があります。企画を考えたり、提案書の構成を練ろうとデスクに腰掛けたものの、頭の中は靄がかかったような状態で、一向に良いアイディアが出てこない。そんな経験をしたことがある人は多いと思います。またトラブル処理や業務改善を進めたいけれど、何から手をつければいいのかわからずに、混乱するだけということがあります。

そんなときは、チャートやマトリクスなど、**図を活用することで思考をすっきり整理させることができます**。言葉として頭に詰め込んだ情報を、一度アウトプットして、図として視覚化します。すると、全体像を把握しやすく、問題点も自然と浮かび上がってくるからです。

もちろんパソコンを使って、同じような図を作ることもできますが、ノートのほうが思考を整理しながら作成できる点で優れていると言えるでしょう。とくに方向性が見出せず、**思考がまったくまとまっていないときはノートのほうが有用**です。

マトリクス

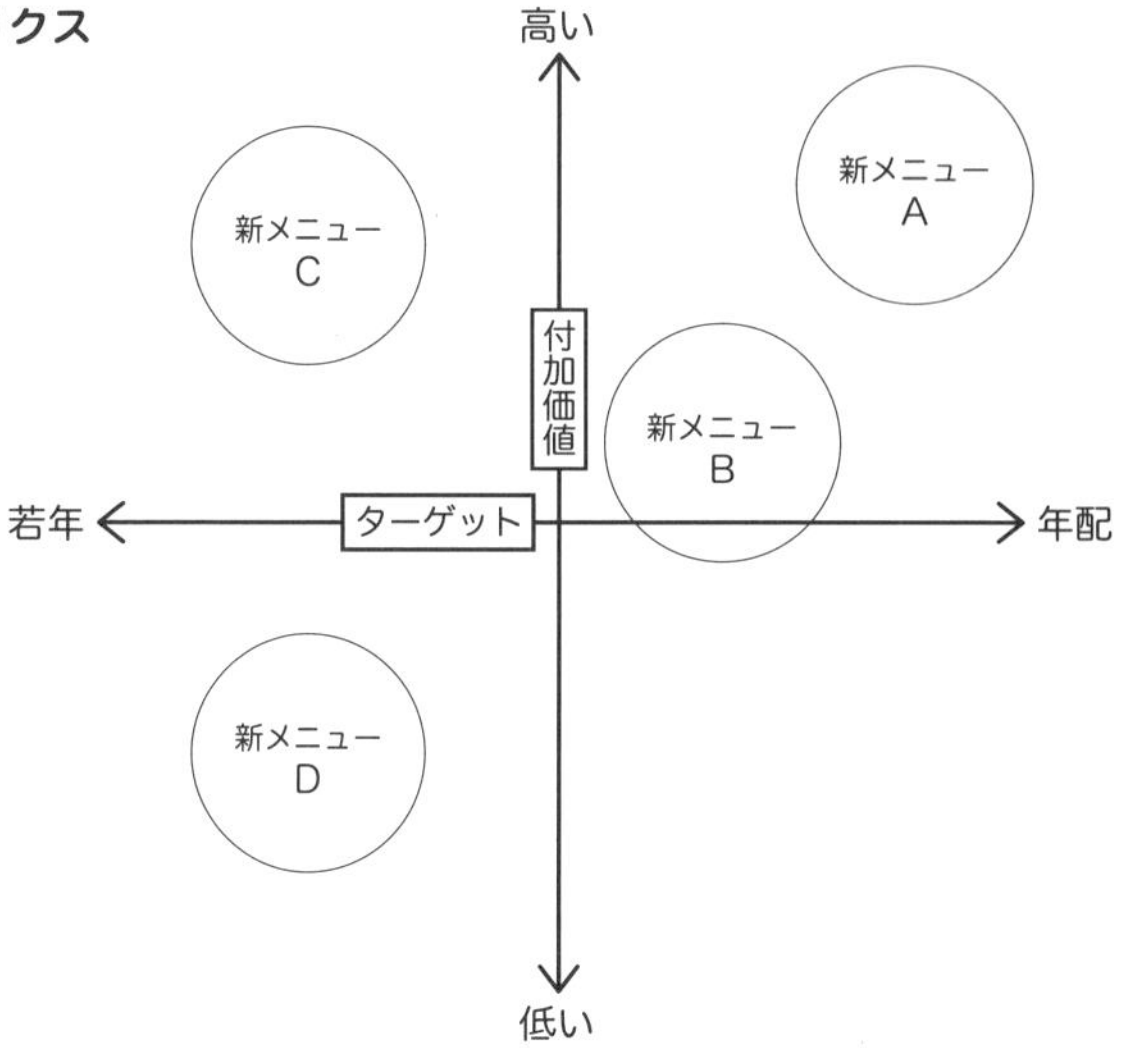

ノートなら落書きをするように、あれでもない、これでもないと、ペンを走らせながら、正解を探っていくことができます。トライ・アンド・エラーがしやすいのです。

なかでも**チャートは作業の手順を決めたり、思考のプロセスを視覚化するのに適しています**。矢印がまさに「流れ」となり、次の作業・動作が一瞬で理解できます。

また、**マトリクスは消費者やターゲットを分析したり、商品のポジショニングを確認するのに適しています**。自社の商品やサービスを分類すると、どこに属しているのか、縦軸と横軸の2つの視点を持つことで、簡単に整理することができます。アイディアが枯渇したり、要領の悪さに気づいたら、思考をリフレッシュさせるためにも図を活用するといいでしょう。

Note.
06

インデックスと検索マークで情報の検索性をアップさせる

5min

ノートに書き込んだらあとから見返すことが、頭脳ノートメソッドでは大切ですが、この「見返し」にはひとつ大きな問題があります。それはアナログであるノートは性質上、そもそも検索に適していないということです。

今日のメモ、昨日のメモなど、直近に書いたものであれば、パラパラとめくっていけばすぐに該当のページを探すことができます。それでも大量にメモしてあると、さらにそのページの中から探している記述を見つけ出すには時間がかかることもあるでしょう。もしも書いて数日経ったメモを見つけようと思ったら、さらに難易度は上がります。あれはどこに書いたのだろうと、ページを見つけるだけでも時間を要することになります。せっかく見返そうと思っても、これでは効率的ではありません。

したがって**検索することに関しては、パソコンやスマホのメモ機能のほうが格段に優れていると**言えるでしょう。キーワードを打ち込むだけで、該当のファイルはもちろんのこと、ページまで探し出して表示してくれる機能が搭載されているからです。あまりノートを使ってメモをしないという人は、この点をデメリットだと感じて避けているのかもしれません。かといって、ノートにメモした情報を、いちいちパソコンやスマホに打ち込んで管理するのは、時間の無駄でしょう。

ただし、**検索が苦手なノートの弱点を補い、情報へのアクセス力を向上させる方法**があります。それがインデックスの追加と、検索マークを付けるというテクニックです。

このテクニックでは、ノートの最後のページをインデックスページとして使用します。インデックスとは、検索するスピードをアップさせるために作る「索引」のことですが、メモを書き終わったら、どんなテーマなのか、**関連するキーワードを最終ページに設けたインデックスページに書き出していきます**。

例えば、会議の議事録として使用したのなら「新商品企画」「PR戦略」「売上報告」「パッケージデザイン」など話し合われたテーマにはじまり、「重要」「保留」「決定」といったステイタスもキーワードとして残していきます。

アイディア帳として使用したのなら、「家電」「アプリ」「新規事業」といったアイディアのジャンルや、「家族連れ」「女子高生」「若手ビジネスパーソン」といった想定されるターゲットなどを入れていきます。あるいはアイディアのレベルを、実現性などから「☆」「☆☆」「☆☆☆」

といったマークで記してもいいでしょう。そのほかの用途で使ったときも、関連するキーワードを見つけて記載していきます。

キーワードは案件ひとつに対して、必ずしもひとつでなくても構いません。複数のキーワードを残してもＯＫです。要するに**ウェブサイトやブログなどに埋め込むタグのようなもの**です。キーワード付けは、こうしなければいけないといったルールがないので、自分で使いやすい方法を見つけてアレンジしていきましょう。

インデックスはページの上から下に向かって、1行にひとつずつ記載していきます。ノートにメモするたびにインデックスも追加していると面倒なので、1日の最後、または1週間に一度くらいの頻度で行えば問題ありません。まだ書いて間もない新しいメモはインデックスがなくても、ページをたどればすぐに探せるからです。形式やルールにとらわれて、手間や時間を増やしてしまうのは、ノート術が煩雑になっていくため、得策だとは言えません。

このインデックスとあわせて作成するのが、「検索マーク」です。**検索マークはインデックスに残したキーワードが、ノートのどのあたりにあるのかを、見つけやすくするためのいわば目印**です。

具体的には該当するキーワードの入っているページの端を、サインペンなどで少し塗っていきます。このとき塗りつぶす箇所を、インデックスと同じ位置（高さ）に合わせるのがポイントです。書籍や辞書、雑誌などで章やコンテンツが見つけやすいようにと、ページの端にこうしたデザインの工夫が施されているのを、見たことがないでしょうか？

該当のページを探したいときには、インデックスページからキーワードを探し、そのまま指でノートの端のほうをたどっていけば塗りつぶしたページがあるので、簡単に見つけ出せるというわけです。もちろん、キーワードに関連するページは複数存在するため、一発で該当の箇所までたどり着けるわけではありませんが、探すページは少なくて済むため、見つけ出すスピード・効率が格段にアップします。より視認性にこだわるなら、キーワードごとに塗りつぶす色を変えるという方法もあります。

これがノートの検索のしやすさを向上させて、情報整理力をアップさせることができる「インデックスと検索マーク」のテクニックです。

また検索マークを塗った箇所が重複していくと、その部分がどんどん目立つようになっていくので、自分がどんなキーワードのメモをとっているのか、その傾向を分析することもできます。仕事の振り返りに役立てることができます。

手軽に書き込みができて、図なども描きやすいノートの特徴を生かしつつ、検索がしにくいという弱点を補うアイディアだと言えます。

Note.07 携帯用ノートを併用し、ノートを3分割して使う

5min

ビジネスの現場でメモやノートが重宝するシーンは、実にさまざまです。会議の議事録はもちろんのこと、作業のスケジュールや担当者の管理、企画を発想するためのアイディア帳としても活用することができます。また商談や営業、得意先訪問に持参し、お客様の要望などをヒアリングする際に使うこともできます。プレゼンテーション用の資料をまとめるときにも、一度ノートを使って構成を考えてからパソコンで清書するという使い方もできるでしょう。そのためノートにメモする情報は多種多様になります。

そこで**用途によってノートを使い分けると、さらに情報が管理しやすくなります**。最も万能なのは、A4サイズのノートです。プリントや資料を貼り付けたり、大きな図を描いたり、あるいはイメージマップのようにアイディアや発想を広げる作業もA4サイズを使っていれば、問題ありません。

ただ、そんな万能なA4サイズのノートにも、不向きな作業があります。それは、ふと思い

ついたアイディアを書き留めるときや、お客様などにヒアリングを行うときです。こうした作業には、すぐに取り出すことができ、迅速にメモがとれるサイズの小さい携帯用のノートが便利です。ブリーフケースからノートを出しているうちに、アイディアの種が消えてしまうかもしれません。またお客様が気軽に話をしてくれているのに、目の前で大きなノートを広げて、メモをとりはじめたら、誰だって良い気持ちはしません。オフレコだった話がオフィシャルな会話に変わり、本音が引き出せなくなります。何より失礼にあたるでしょう。

そこで、**スーツのポケットやブリーフケースのポケットなどに入るサイズのものをA4ノートと併用することで、より効率的に情報を管理できます**。

さらに携帯用ノートの使い方にはコツがあります。それが3分割法です。**ノートのページを前半、中盤、そして後半の3つに分けて使用**します。例えば、総ページ数が100ページだったとしたら、前半が20ページ、中盤が60ページ、後半が20ページという分量（1：3：1の割合）で振り分けます。

また、前半・中盤・後半でそれぞれ用途も異なります。まず**前半ページは以前使ったノートから重要なメモを引き継ぐために使います**。使い終わった古い携帯用ノートの中で重要度の高いメモや、膨らませたいアイディアの種などを探し、該当部分をハサミでカットします。それを新しいノートの前半ページに貼り、いつでも見返すことができるようにするわけです。

情報は何度も反復して見返すことで、記憶として定着していきます。覚えたと思ったら、次回のノートでは引き継ぎをせず、継続して見返したいものだけ、常に前半ページに残すようにします。

中盤のページは通常のメモ用として使い、思いついたアイディアや書き留めておきたい情報を綴っていきます。そして、残った**後半のページは捨てても構わない情報のキャンバスとして利用**します。例えば、メールアドレスなどの連絡先を目の前の人に渡したり、伝言用のメモとして、どんどんノートから切り離して使っていきます。

本来なら、ポスト・イットがこうした役割を果たしてくれますが、日頃からポスト・イットを携帯しているという人は少ないと思います。記録に残すべき情報なのか考えながらメモをとるのではなく、気になるのなら手当たり次第に書き留め、あとで不要と感じたらどんどん捨てていけばいいわけです。そのためにも**「捨てる」ためのページをあえて設けることで、迅速かつ柔軟にメモが取れる**ようになっていきます。携帯用ノートを活用して、積極的に情報を捨てていきましょう。

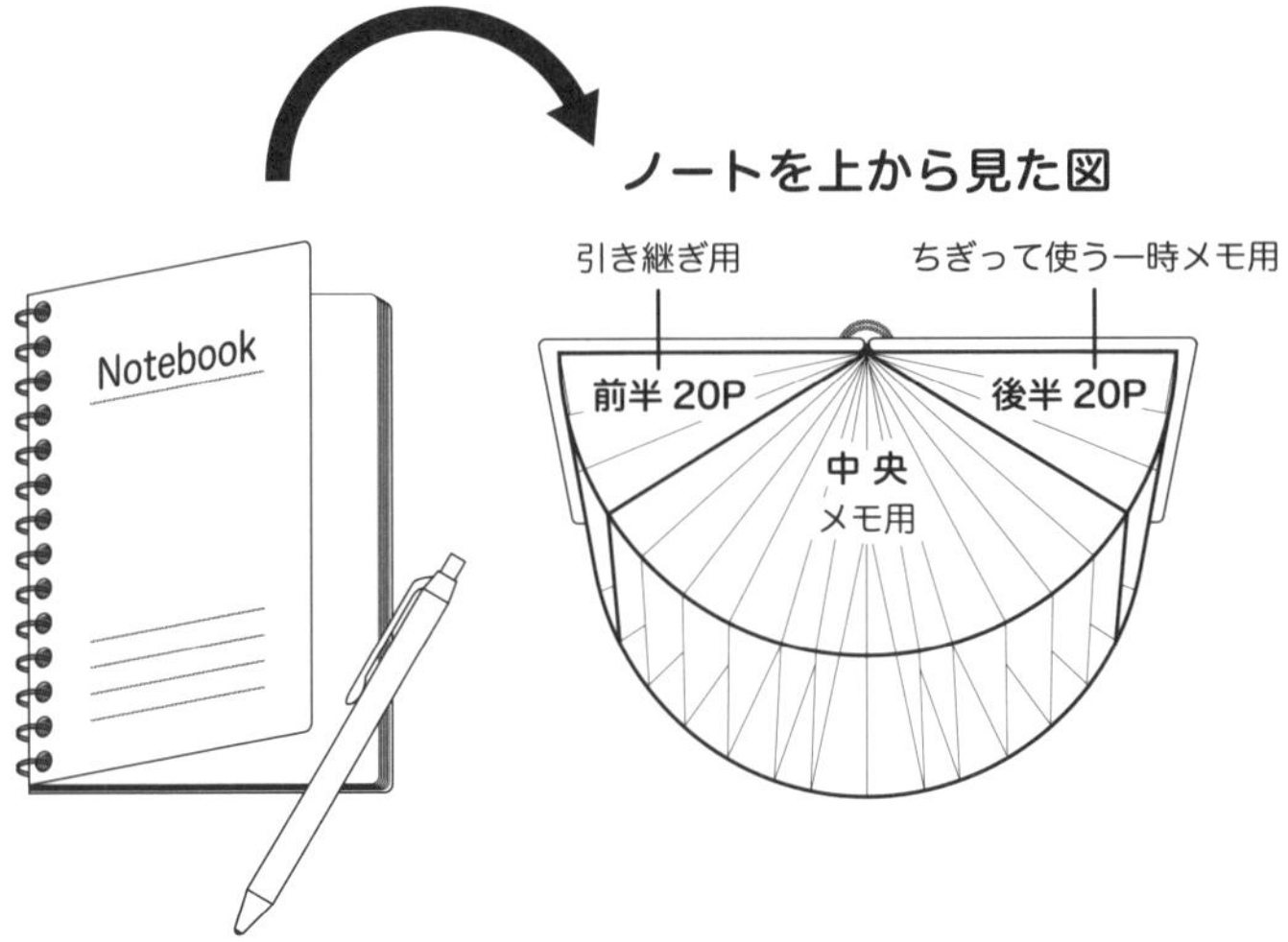
ノートを上から見た図
引き継ぎ用
ちぎって使う一時メモ用
前半 20P
後半 20P
中央
メモ用
Notebook

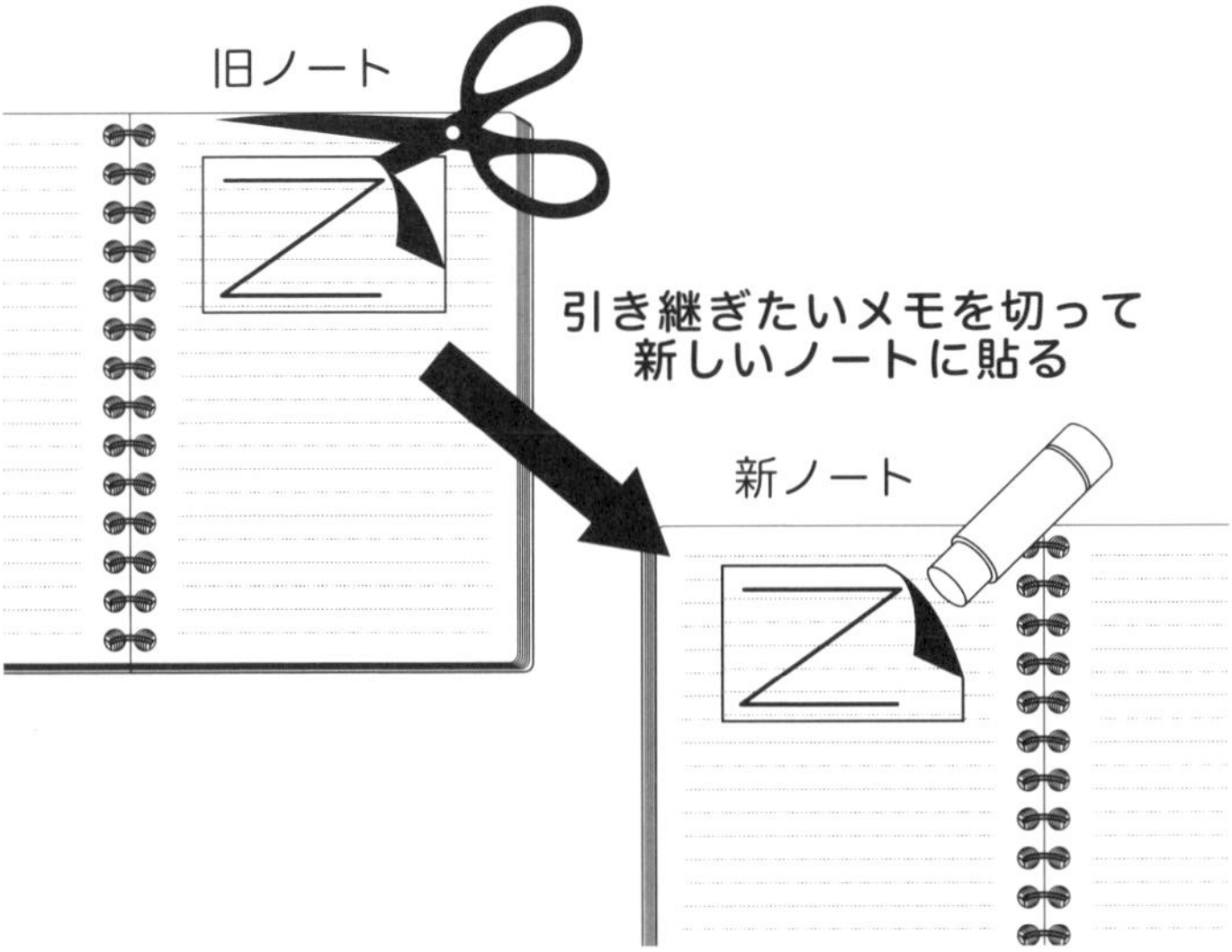
旧ノート
引き継ぎたいメモを切って
新しいノートに貼る
新ノート

Note.
08

時間がないなら、実物をとりあえず貼る

5min

ビジネスで大切な情報は、必ずしも職場にいるときや職務中にだけ得られるというわけではありません。例えば、休日を過ごしているときや、自宅でくつろいでいるときに、ふと企画のアイディアやヒントを見つけることがあります。また買い物客の何気ない行動や客層を見ていて、自社のサービスや商品の改善点を思いつくかもしれません。

むしろ**リラックスした日常を送っているときのほうが、脳は創造性を発揮する**ものです。偉大な発明家や起業家の多くが、散歩を趣味にしていたり、仕事以外に夢中になれる特技を持っていることも関係するかもしれません。リラックスした精神状態が創造性を高めることを経験的に知っているのでしょう。

そのため、日常生活でも常にアンテナを張っておくことが大切です。できればプライベートのときも、ノートやメモ帳だけは持っていると、重宝するでしょう。

プライベートの手帳と仕事用のノートを使い分けている人もいますが、一冊にまとめて管理

してしまうのもひとつの方法です。

ノートが常に手元にある状態になり、例えば**新聞や雑誌を読んでいて、気になる記事を見つけたら、すぐに切り取って、貼り付けておく**ことができます。また料理の美味《おい》しいレストランに家族で行ったのなら、ショップカードをもらっておけば、後日、話の種にしたり、接待や社内の飲み会で活用できるかもしれません。帰宅してショップの情報をノートにメモする必要はなく、ショップカードをそのままノートに貼れば、それで作業終了です。話題のスポットや観光地に行ったのなら、カタログやパンフレットを持ち帰り、それも貼ります。

鑑賞した舞台や映画のチケットの半券なども貼り付けてしまいましょう。このときに**感想を書き込んでおくと、どんな内容だったのか、印象に残り、記憶される可能性が高まります。**どんなことも無駄にはなりません。直接ビジネスのアイディアとして、その経験が育たなくても、雑談の種くらいには使えるはずです。

とにかく外出した先々で手に入れた資料にはじまり、記事のスクラップや広告物（＝実物）に至るまでは、そのままノートに貼り付けてしまうわけです。

実物を貼っていくときには、液状の糊ではなく、**テープ状になった糊やセロハンテープがおすすめです。乾くまで時間がかかる糊の場合、コメントや感想を書き足そうと思っても、その時間を待たなければいけません。**

ノートにメモをするときは、スピードが肝心です。ゆっくりと振り返るのは、見返しのタイミングでOKです。そのため実物を貼るときも、効率性を追い求めましょう。

会議やプレゼンテーションで配布されるアジェンダも、枚数が多くなければ、貼ってしまいましょう。アジェンダや資料に書いてあることをメモするのは、時間の無駄です。貼ってしまえば書く必要はありません。

出席者やプレゼンターが語った言葉の中から、重要な情報を拾うことに集中しましょう。

第2章

記憶を定着させる

〜必要だから覚える。
主体性や好奇心が記憶に
優先順位を付ける

どうして忘れてしまう情報と覚えられる情報があるのだろう？

以前一度、会ったことがある相手なのに、失念していて名刺交換をしてしまった。会ったことの少ない相手の顔と名前がなかなか覚えられない。それくらいのミスなら笑い話で済むかもしれませんが、記憶違いや物忘れが重大なトラブルを引き起こすことはよくあります。

追加の商品発注を頼まれていたのに、他の作業に没頭してしまい、すっかり忘れていた。取引先との打ち合わせの予定があったのに、メモを見逃して、すっぽかしてしまった。そんなうっかりでは済まされない事態を誰もが一度は経験したことがあるのではないでしょうか？

またミスにはつながらなくても、記憶しておきたい情報がなかなか覚えられず、苛立つこともあります。何度も復唱し、記憶を定着させたつもりなのに、いざというときに名前が出てこない。そんなこともあります。

学生時代から暗記が苦手で、そもそも記憶力には自信がないという人もいるのではないでしょうか？　一方で会議参加者の顔ぶれや、そこで交わされた議論など、細かなディテールまでしっかり覚えている人もいます。

その違いはどこにあるのでしょうか？　記憶できるメモリには大差はないはずです。気が抜けているのだと言われてしまえばそれまでですが、気持ちの持ちようで記憶力が向上するとは思えません。

そこで第2章では記憶力について取り上げたいと思います。人間の脳は、記憶する情報とそうではない情報をどのように区別しているのでしょうか？　絶対に忘れない記憶法なんて、存在するのでしょうか？

そして、記憶を呼び起こす、あるいは定着させるために私たちができるメモ術・ノートメソッドはあるのでしょうか？

せめて大事な情報だけは絶対に忘れない方法があるのなら、誰もが知りたいはずです。

また、打ち合わせやプレゼンの場で、データをスラスラと暗唱できるような記憶力があれば、大きな武器になります。忘れないための記憶術ではなく、情報を活用するために、覚える方法があれば、重宝するに違いありません。そんな記憶力について、脳のメカニズムから、考えていきます。

記憶を定着させる
〜必要だから覚える。主体性や好奇心が記憶に優先順位を付ける

記憶は短期記憶と長期記憶に大別することができます。短期記憶とは何か作業をするときなどに、短時間だけ脳に留めておく記憶のことで、作業が終われば、基本的に忘れてしまいます。レストランのウェイターが注文を一時的に暗記し、厨房に伝える様子を見たことがあると思いますが、このようなときに使われているのが、短期記憶です。

短期記憶はワーキングメモリと呼ばれることもあり、前頭連合野や海馬が関わっているとされています。ちなみにこのワーキングメモリには容量があり、アメリカの心理学者ジョージ・ミラー氏による「マジカルナンバー7プラスマイナス2」説が有名です。彼の論文によると、数字や単語を一時的に記憶する場合、人が記憶できる量は「チャンク」と呼ばれる塊りで表現すると、7プラスマイナス2個の範囲に収まるとされています。

対する長期記憶は、その性質からさらに分類することができます。「陳述記憶」と「非陳述記憶」です。「陳述記憶」は言葉や図形で表現できる記憶のことで、思い出や知識がこれに当たります。この陳述記憶には、時間や場所、感情をともなうような個人的な体験にもとづいた「エピ

ソード記憶」と、人名や物の名前など学習を通じて獲得した知識を指す「意味記憶」があります。職人の技術など体験や経験を通じて体で覚えた記憶は、陳述記憶と対比して「非陳述記憶」と呼ばれています。

五感で収集した情報はすべて大脳皮質を通じて、海馬に集約される

人間はどのように記憶し、それを保存しているのか、まだまだ未解明な部分が多く残されていますが、五感で収集した情報が大脳皮質に伝達され、海馬と呼ばれる部分で**「情報の整理・統合」や「残すべき情報なのか取捨選択」がされたあと、再び大脳皮質に伝達され、記憶として長期保存される**と考えられています。

記憶に関して、大きな役割を担っているのが「海馬」です。ギリシャ神話に登場する海神ポセイドンがまたがっているとされる海馬の前肢の形に似ていることから、この名が付きました。海馬は小指ほどの大きさで、「海馬体」と呼ばれる大脳辺縁系の一部ですが、1950年代にHMと名付けられた、ある患者に関する報告書の登場により、その存在が大きな注目を集めることになりました。プライバシーへの配慮からHMと呼ばれたこの患者は、てんかんの治療を

目的に海馬を含む内側側頭葉を切除することになったのですが、術後、新しい情報を長期記憶することができなくなってしまいました。とくに体験にもとづく「エピソード記憶」に障害が見られました。

運動に関する記憶などには障害がなく、例えばテニスをしたり、言われた通りに線をなぞったりする作業は問題なくできました。ただ、数日にわたって、なぞるトレーニングを行っていたにもかかわらず、「いままでやったことがありますか?」と尋ねると、覚えていないと答えたそうです。その後もHM氏は生涯にわたって、実験や研究への協力を惜しまなかったため、海馬機能の解明に大きな貢献をすることになりました。

また海馬は、今日ではいくつかの領域が存在することが知られています。「歯状回」「CA3」「CA2」「CA1」です。私たちは生きていくなかで、五感を使って周囲のあらゆる情報を収集しています。視覚、聴覚、嗅覚、触覚、味覚、さらにどのように肉体を動かしたのかといった、筋肉に関する情報も感じています。それらの情報は大脳皮質から海馬に集約されますが、まず最初に情報を受け取るのが「歯状回」です。情報は歯状回から「CA3」「CA2」「CA1」と流れていきますが、**歯状回ではまず情報のパターン分離をしている**と考えられています。よく似た2つの情報が入ってきた場合に、それを別々のものとして把握し、処理する能力です。

例えば、あなたが毎日、車で通勤していたとします。会社には大きな駐車場があり、車を停めて、職場に向かいますが、駐車スペースには決まりがなく、常に空いている場所を探して、ランダムに停めるとしましょう。そんな状況でも、仕事が終わって、自分の車に向かうときには、いちいちメモを取っていなくても、朝どこに停めたのか記憶しているはずです。景色の変わらない同一の駐車場という類似した情報が伝達されても、脳は違いを認識できるのです。こうしたパターン分離という作業を歯状回では行っていると考えられています。歯状回を毀損させたマウスに、よく似た2つの場所を見分けさせようと試みると、失敗するといった実験結果もあります。

どうして店の名前を聞いただけでそのときの状況まで思い出すのか？

この歯状回から情報を受け取るのが「ＣＡ３」と呼ばれる領域です。**「ＣＡ３」では、情報のパターン補完をしている**と考えられています。例えば、会社の近くに何度か足を運んだことのある居酒屋があったとします。その居酒屋の名前を耳にすると、お店の様子だけではなく、以前、行ったときの記憶が次々と蘇ってくることがあります。いつ誰と行き、何を食べたのか？会話の内容まで思い出すことがあります。いちいちすべてを説明しなくても、店名を聞くだけで脳の中からいろいろな情報を引き出すことができるわけです。パターン補完とは、ある小さいきっかけから、さまざまな情報を含んだ記憶を思い出す能力のことを指します。

歯状回からCA3への情報伝達が一方通行であるのに対して、CA3では受け取った情報を別の細胞に返すループ構造が発達していると言われています。そのためひとつの細胞を活性化させるような情報が入ってくると、ループ構造を通して、深く関わっている別の細胞にも情報を伝播させ、活性化させることができます。そのため、CA3の働きにより、最初に入ってきた情報と関連した情報を引き出すことができると考えられています。

ただし、こうしたCA3の情報伝播は完全ではなく、関連のない情報を呼び出してしまったり、思い出すたびに知らず知らずのうちに情報を書き換えてしまうことがあります。人間が記憶違いをしたり、本当は起こっていないことを真実だと思い込んでしまうのは、CA3のエラーが原因なのかもしれません。

続いては「CA2」ですが、実はまだその機能は明らかになっていません。ただ、マウスを使った実験では、CA2を破壊したマウスのソーシャルメモリー（社会的記憶）に支障が出ると言われています。親しかったマウスを区別できなくなり、どのマウスがどういうマウスだったのか、記憶ができなくなってしまいます。

同じく「CA1」も不明な部分の多い領域です。一説には入ってきた情報が新しい情報なのか、それとも古い情報なのかを判断していると言われていますが、仮説にすぎません。
さて、記憶における海馬の機能や構造について説明してきましたが、ここで、記憶力を高めるにはどうすればいいのか、考えてみましょう。記憶することと、忘れてしまうことでは、いったい何が違ったのでしょうか？　脳科学では、**記憶の定着に「環境刺激」「主体性」あるいは「感情」などが関与している**ことが知られています。

「環境刺激」に関するこんな実験がありました。一方のマウスの飼育箱にハシゴや回り車など遊び道具を揃え、もう一方は何もない環境で育てました。成長したマウスの脳を調べると、遊び道具を入れた環境で育ったマウスの海馬のほうが神経細胞の数が多かったそうです。環境から受ける刺激により、脳の成長が促されたわけです。

また、いやいや勉強するよりも、自ら進んで勉強したほうが身につくことを私たちは経験則で知っています。これは脳幹と呼ばれる部分にある青斑核《せいはんかく》という組織が、何かに注意を向けると、興奮してノルアドレナリンを作り、脳全体に供給するためだとわかっています。ノルアドレナリンには、脳の柔軟性を増し、神経細胞のネットワークを強くする働きがあると考えられています。

海馬のすぐ隣に扁桃体と呼ばれる組織がありますが、扁桃体は五感をともなって生まれた快あるいは不快の感覚を海馬に伝えると言われています。そのため五感に訴えかけるような情報や、恐怖や快感をともなうような情報は、とくに強化され、海馬に送られます。したがって、**感情が動いた良い思い出や嫌な記憶は定着しやすい**のです。

記憶力を高めることができる科学的な方法は存在する？

では、学習の際に記憶力を高める手立てはあるのでしょうか？　一般的には漢字の書き取りに代表されるように、何度も繰り返すことで覚える方法が知られていますが、こうした**リピート学習に一定の効果がある**ことは実証されています。

例えば脳の中には「場所細胞」と呼ばれる、自分がいる位置を記録する細胞があるのですが、マウスを使った実験ではマウスが地点１、地点２、地点３を通過すると、場所細胞はそれに合わせて順に発火します。そして、走り終わったマウスを休ませていると、休んでいる間にもマウスの海馬の中で、場所細胞１、２、３の活動が何度も繰り返し再生される「リプレー」という現象が起こることがわかっています。しかも、リプレーは実際の通過時間よりも短いタイムスケールで行われます。例えば、通過に５秒かかったとしても、脳内で一連の行動を再生するのにかかる時間はコンマ数秒という一瞬に圧縮されます。繰り返すことによって何度もシナプスの強化が起こり、記憶がより効率的に定着すると考えられています。

繰り返し学習には、マストレーニングとスペーストレーニングという2つの方法があります。マストレーニングとはいわゆる詰め込み学習で、一度にたくさんの情報をインプットします。対するスペーストレーニングとは、少し勉強したら休憩をとるなど、時間を置いてから、再び同じ作業を行うという学習法です。勉強→休憩→勉強→休憩と繰り返すわけです。

この方法で長期間にわたって学習し、マストレーニングとスペーストレーニングのどちらのほうが長期的に記憶が残るのか、実験が行われました。その結果、人間でもどんな生き物でも、マストレーニングよりも**スペーストレーニングのほうが、はるかに効率的**だということがわかっています。学習を行うと脳の細胞（遺伝子）が活性化しますが、この活動には波があることが知られています。ある程度、活動の波が高まると、そのあとは段々と落ちていき、効率も悪くなっていきます。そのため適度に休憩をとることで、再び活動が活発になったタイミングで学習をし、効率を高めるわけです。

また、**記憶でもうひとつ重要なのが、睡眠**です。睡眠中には入力された情報が整理・再構築され、記憶として定着しやすくなることが知られています。ただ睡眠が重要なのは長期的な記憶なので、明日、試験があり、とにかく情報を詰め込む必要があるなら、徹夜で勉強したほうが効果的かもしれません。1週間後には、ほとんど忘れている可能性はありますが。

そのほか「メモリーパレス（記憶の宮殿）」と呼ばれる記憶法や、イギリスのリチャード・モリス氏が提唱する「スキーマ」という概念もあります。「メモリーパレス」とは、頭の中に想像上の宮殿を作り上げ、日々、経験することを宮殿のある場所に結びつけて覚えるという方法です。例えば、覚えたい英単語を宮殿の内部にある特定の部屋と関連づけて覚えるそうです。人間は空間記憶が優れていると言われているので、空間と結びつけて記憶すれば容易に思い出すことができるという理論かもしれませんが、どの程度、効果的なのかについて実証した実験はないようです。

「スキーマ」は、一種の記憶のフレームワークのようなもので、一度、思考のフレームワークができれば、そこに新しい情報を組み込むことは比較的容易だという考え方です。

脳が忘れてしまうことにも理由がある!?

しかし、そもそもなぜ、人はすべてを記憶することができないのでしょうか？　実は海馬の記憶システムは自動記憶装置とも呼ばれ、われわれが五感で収集した情報や、経験したことは、些細なことまで、すべて海馬の中にインプットされています。実際にサヴァン症候群と呼ばれる症状のある人たちは、音楽を一度聞いただけで再現できたり、並外れた暗算をすることができたり、驚異的な記憶能力を持っていることで知られています。ところが普通の人の場合は、海馬が情報の中から記憶すべきことと、そうでないことを選択しています。ときにはエネルギーを使って、忘れようとします。それは、なぜなのでしょうか？

こんな仮説があります。**生物にとって、すべての情報を記憶することは、必ずしも良いことだとは言えません。**なぜなら、生きていくためには、情報に優劣をつけることが重要だからです。とくに生命に関わる情報は、どんなときが危険なのか、あるいは安全なのか、判断することが大切です。日々経験することをすべて詳細に記憶として残してしまえば、情報に優劣がつかず、自分にとって何が重要で、何が重要ではないか、判断することができなくなってしまいます。したがって、瑣末な出来事はなるべく弱い記憶として残しておいたり、忘れ去ってしまうことのほうが、生物にとっては適応的であると考えられるわけです。

ですから、忘れることは特別なことではなく、ましてやあまり覚えないとしても、脳の機能が劣っているわけではありません。

Note.
01

ノートには必ず日付を入れる。それが記憶のフックになる

5min

自閉症患者の中には、ある特定の分野において類い稀なる才能を発揮する人がいます。サヴァン症候群と呼ばれる症状ですが、彼らは一度見たこと、聞いたことを細部まで記憶できる能力を持つことがあると言われています。非常に特殊な事例ですが、人間の脳もそれだけの能力が元来、備わっているということなのかもしれません。

ただ、多くの人はしばらく経つと、大半のことは忘れてしまいます。むしろ覚えていることのほうが少ないと言えるでしょう。19世紀に記憶の忘却について研究していたドイツの心理学者ヘルマン・エビングハウス氏による実験では、**記憶したことの4割以上を20分後には忘れ、1日経つと7割以上も忘れてしまう**という結果が出たといいます。つまり、何もしなければ、誰でもその日のうちに大半の記憶が消滅するわけです。

私たちは生きていくなかで、常にさまざまな情報を、五感を使って収集しています。物の色や形、手触り、あるいは会話する相手の微妙な表情や声色、食事の匂いや味など、手にする情

報量は膨大です。そのすべてを記憶するとなると、脳には過大な負荷がかかってしまいます。その負荷を避ける意味でも、脳は重要ではないと判断したことは忘れるようにしているのかもしれません。

では、どうすれば記憶される情報になるのでしょうか？　それは**記憶したい出来事や情報を、印象に残る特別なものに格上げする**ことです。好奇心を持ち主体的に学んだことや、嫌な体験、不快な出来事なども印象に残ると考えられています。

また、**メモに必ず日付を入れることで、記憶として呼び起こすときのフックにする**というメソッドがあります。

例えば1カ月前のことは覚えていなくても、去年のクリスマスの出来事は覚えていることがあります。もちろんクリスマスや誕生日などは特別な日として記憶しやすいのですが、何気ない1日であっても、日付があることで、ひとつの手がかりにすることができます。

ひとつのプロジェクトが終わった日の1カ月後、新入社員の研修が終わった日の1週間後など、比較的、覚えやすい出来事を基準にして、ふと思い出せるフックを設けていくことは記憶力を高めるひとつの方法だと考えます。

メモをとるときには、まず日付を入れる。それを習慣づけてみてはいかがでしょう？

Note. 02 間違っても絶対に直さない。「×」で消して、正解を書くこと

5min

メモをとっているときに、うっかり書き間違いをしてしまうことがあります。そんなときは該当の箇所を消しゴムや修正液で消してしまうのではなく、**「×」や「=」で上書きして、サッと訂正する**ようにしましょう。几帳面な人の中には、ノートをキレイに、そして丁寧に使わないと気が済まない人がいます。そんな人から見れば、消しゴムや修正ペンを使わない訂正は、横着でノートを汚す、耐えられない行為に思えるかもしれません。

しかし、メモを取るときに優先すべきポイントは、スピードです。消しゴムを取り出したり、修正液が乾くまで待っている間に、話題は次へと進んでいきます。誰も修正が完了するまで、待ってくれません。学校や塾ならまだしも、ビジネスの現場ではあなたの都合が最優先されることはないでしょう。

メモの目的はあくまで勘違いによるミスを減らしたり、忘れてはいけない重要事項を書き留めることで、仕事を効率的に行うことです。メモは秘書のように、あなたの業務を要領よくサ

ポートしてくれる道具にすぎません。そのため書き方など形式にこだわりすぎるのは避けるべきで、持っているペンですぐに修正できる上書きという方法が最適です。

話は変わって、業務や昇進に資格の取得が必要で、空いた時間を見つけて勉強している人もいると思います。英語などの語学の習得を目指している人もいるでしょう。国境を超えてビジネスを展開する企業の中には、昇進の条件にＴＯＥＩＣのスコアを掲げているところもあると聞きます。資格や語学にかかわらず、自らを高めるために、常にスキルアップを怠らない姿勢は、これからますます社会人に求められていくはずです。それらの勉強用のノートに、あなたはどんなものを使っているでしょうか？

大学ノートなど専用のものを用意して勉強している人が多いと思いますが、**ビジネス用の頭脳ノートと一緒にしてしまう**のもひとつの方法です。一冊にまとめることで、お昼の休憩中や移動中にふと時間が空いて、勉強しようと思ったときに、うっかり勉強用ノートを自宅に忘れ、機会を逃すということがありません。大事なビジネス用の頭脳ノートのほうを忘れてくることは、まず考えられません。資格や語学の勉強を仕事のノートでしていたからといって、とがめられることもないでしょう。

また一冊にまとめていると、仕事中にサッと見返すこともできます。意識してそうしなくても、パラパラと仕事のメモを探しているときに、勉強した内容が目に飛び込んできて、結果的に見返しができてしまうこともあります。もちろん、仕事のメモと混在してしまうので、目的のページを探すときには煩わしくなるデメリットもありますが、それも「インデックスと検索マークで検索性をアップ」（32ページ参照）させておけば、とくに問題はありません。メインで使うノートはできるだけ一冊にまとめてしまうほうが、要領が良いのです。

こうした勉強用にノートを使う際も、間違った記入をしたら、絶対に修正ペンや消しゴムで直してはいけません。とくに問題の解答を誤って書いてしまったときなどは、必ず「×」や「=」で消して正しい答えを上書きするようにしましょう。なぜなら、**解答を間違ったときこそ、記憶を定着させるチャンス**だからです。

人はテストなどにおいて、正解したことよりも、悔しい間違いを犯したことのほうを覚えているものです。とくに印象深い間違え方をしたときには、そのときの状況まで詳しく覚えているのではないでしょうか？　やってしまった！という後悔の念や焦りといった感情がフックとなり、記憶を呼び起こす鍵となってくれます。学生時代を振り返ると、思い当たることがあるのではないでしょうか？

また「×」を使って訂正するということは、誤った解答がそのままノートに記録されるということです。どうして自分はそのような答えを導き出したのか？　どこを勘違いしていたのか？　あとでミスを検証することができます。**間違った理由を検証することは、より理解を深**

める手助けになります。

そのほか見返しを行う際に、ノートに「×」が付いていると、それが目印となってくれるため、重点的に見直すことができます。反対に正解した解答は、すでに理解できている事柄です。そのため見返しでも、とくに時間を割かず、飛ばしてしまって構わないと言えるでしょう。そのような見極めを行ううえでも、「×」で訂正していると非常に便利です。

はじめから修正液や消しゴムを持たないようにすれば、必然的に「×」で訂正するようになるでしょう。

Note. 03
縦書きのサブタイトルでアクセントをつける

5min

メモはとるだけでは、意味がありません。情報を記憶して、ビジネスに活用してこそ、記録した意味があるというものです。ポイントとなるような重要な情報のメモには、見返したときにできるだけ目に飛び込んでくるような工夫をしておくことが大切です。ここでは、**「縦書きのサブタイトルを効果的に使う」**というメソッドを紹介していきます。

ノートにメモをとるとき、あなたは普段、横書きですか？　それとも縦書きでメモをしていますか？　多くの人は主に横書きで記載していくと思いますが、メモ書きが一段落したときには、重要な記述のところに「縦書きのサブタイトル」を追記することをおすすめします。

こうすることで、**横書きばかりが並ぶなかに、縦書きのコメントがアクセントのように配されて、目に留まりやすくなる**わけです。横書きに紛れた縦書きが、まるで異物が混じっているかのように、ページの中で存在を浮かび上がらせます。見返すたびに何度も目にすれば、そのメモは印象に残り、記憶される可能性が高まっていきます。サブタイトルを付けることで他の記述と差別化し、さらに縦書きという見た目・デザインの変化も加えるわけです。

また縦書きで追記するのは、「サブタイトル」です。**「サブタイトル」は、メモの内容を要約した言葉や、心に残るような煽りのフレーズにする**という要点を押さえて、考案していきます。ただ、インパクトだけを狙ったような奇抜すぎるサブタイトルでは、自分で何について書いていたのか、ひと目ではわからなくなってしまうので、意味と印象深さのバランスを考えながら、付けてみましょう。文字数も多すぎず、簡潔にまとまっているほうが読みやすいと思います。

もしも、あなたが、いつも縦書きでメモをしているなら、その反対となる横書きでサブタイトルを入れましょう。見た目のアクセントをつけることが目的なので、縦書きと横書きが逆になっても問題ありません。

縦書きのサブタイトルを**線で囲ったり、書き込むペンの色や太さを意図的に変えておくと、より一層強調される**ので、おすすめです。ノートに余白がないくらいギュウギュウに詰め込んで書いてしまうと、サブタイトルを入れるスペースがなくなってしまいます。常に余白を残すことを意識しながら、メモしておくことも大切です。

メモのとり方に変化を加えることで、記憶に残るような工夫をしていきましょう。

Note.
04

重要なことは「青」。それ以外は「黒」で書く

5min

受験生の間でいつのころからか、まことしやかに語られるようになった、こんな噂をご存じでしょうか？　それは「青ペンを使って勉強すると、頭が良くなるらしい」という噂です。これは早稲田塾を創業した相川秀希氏が提唱した勉強法が発端だと言われており、同氏は『頭がよくなる 青ペン書きなぐり勉強法』（ＫＡＤＯＫＡＷＡ／中経出版刊）という書籍も出版しています。

当初はごく限られた学生たちの間で話題となっていた都市伝説のようなものでしたが、この勉強法で有名大学に合格したという受験生が現れたことで、徐々に彼らの間で「青ペン学習法」が効果的だという口コミが広がっていったといいます。

青ペンを使って、とにかく書きまくっているうちに記憶力も向上するという、この学習法はどんなものなのでしょうか？　簡単に紹介してみましょう。

相川氏が「青ペン」の使用を提唱しはじめたのは、１９９６年ごろだと言われています。当

時同氏が運営していた早稲田塾は、日本で初めて誕生した「大学への現役合格を専門とする学習塾」であると謳っていました。現役生は浪人生と比べて、学習量の面でハンディキャップがあります。昼間は授業があり、放課後も学校の用事や部活動に時間を割く必要があります。1日のすべてを勉強に注ぐことができる浪人生とは異なり、圧倒的に勉強する時間が少なくなります。にもかかわらず、入試では、浪人生と同じ土俵で席を争わなければいけません。

そのハンデを克服するためには、限られた学習時間で最大限の成果をあげる効率的な勉強法が必要でした。そこで相川氏が試行錯誤の末に生み出したのが、青ペンを使った学習法だったそうです。

青ペンを使うことにした理由について、同氏は以下の4点を挙げています。

ひとつ目は、「**青色は副交感神経に作用し、自然と集中状態に入れる**」からです。人間には自律神経という神経があります。心臓などの循環器、胃や腸といった消化器、そして肺などの呼吸器は私たちがとくに意識しなくても、働き、動いています。こうした器官の活動をコントロールしているのが自律神経で、大きく「交感神経」と「副交感神経」の2つに分けることができます。日中や体が活動しているときに活発になるのが交感神経で、安静にしているときや夜になると活発に働くのが副交感神経です。

自律神経はストレスや不規則な生活が原因で働きに乱れが生じることがありますが、そうなると体の器官にさまざまな不調が起こります。この自律神経の乱れを整えるために、カラーセラピーなどでは色が人体に及ぼす作用が使われます。赤や黄といった暖色系の色は交感神経を刺激し、青や紫といった寒色系の色は副交感神経を刺激すると言われており、この作用を応用して、カウンセリングをしていくわけです。青ペン学習法では、副交感神経を刺激する青色の特徴に注目して、勉強中の集中力を高めようとしたのでしょう。

2つ目の理由は、「**現代人にとって、青はリンクの色と認識されている**」からだと言います。リンクというのは、インターネットのハイパーリンクのことです。ウェブページとウェブページをつなぐ役割を持つハイパーリンクは、世界中のウェブサイトを網の目のようにつなぎ、構築しているインターネットのいわば基礎です。青で表示されるハイパーリンクをクリックすると、リンク先のページにジャンプし、閲覧できます。そんな重要な機能の色に指定されている青は、目に飛び込む色だというわけです。

3つ目の理由は、「**青は時間が経つのを遅く感じさせる**」からです。例えば、暖色系の赤で塗られた部屋で過ごす1時間と、寒色系の青で塗られた部屋で過ごす1時間では、人間が感じる時間の長さが異なると言われています。

青のほうが時間経過を遅く感じ、本当は1時間経っていたとしても、40〜50分程度に感じるそうです。青に染まった空間では、それだけ集中力が高まり、作業に没頭できるというわけです。集中力が欠かせない勉強でも、この効果を期待しています。

最後の理由は、「**人は青を見るとセロトニンが分泌される**」からというもの。セロトニンと青色が関係するという説があります。セロトニンは体内で非常に重要な役割を果たしている神経伝達物質で、「ノルアドレナリン」や「ドーパミン」と並んで三大神経伝達物質と呼ばれることがあります。セロトニンが分泌されると心が安らぎ、心身が安定すると考えられています。

そして、**脳内で分泌されるセロトニンは海馬での記憶力や学習効果に影響を与える**という説があるのです。そのため青色のペンを日常的に使っていると、セロトニンの分泌にも影響があり、記憶力が高まると考えたのかもしれません。もちろん、実際にそのような効果が期待できるかどうかはわかっていません。

この理論に従って、重要なメモを残すときには青のペンを使用する。そして、それ以外のときには黒のペンを使うことで、青のメモが記憶に残るというのが、この青ペン学習メソッドのポイントなのです。

効果のほどは科学的に実証されていませんが、試してみる価値はあります。

Note.
05

感情や気分を追記すると記憶が定着する

5min

記憶には海馬が大きく関わっていますが、その海馬に寄り添うように、アーモンド形をした神経細胞の集まりが存在します。それが扁桃体です。私たちが何かを食べたり、見たり、匂いをかいだり、五感で収集した情報は大脳皮質に届けられ、そこから扁桃体に伝わりますが、このとき**扁桃体が好き嫌いの判断をしています**。このご飯は匂いが好きじゃないから嫌い、目の前にいるこの人は好き、などとジャッジしているわけです。

さらに**扁桃体は記憶に作用する海馬にも影響を及ぼしている**と考えられています。例えば、記憶しているエピソードの多くは、嬉しかったことや楽しかったこと、あるいはとても不快だったことなど、感情が揺さぶられた出来事が中心だと思ったことはないでしょうか？　とくに関心のないどうでもよいことよりも、印象深いことのほうが記憶に残っていると感じると思います。

これは記憶に扁桃体が関与しているからだと考えられています。したがって、**記憶しておき**

感情シールの例

ひらめいた！	
まじかよ（怒り）	
やるぞ！（やる気）	
最悪（トラブル）	
大至急！	
頑張れ！俺	

たい出来事に、感情がプラスされれば、覚えやすいとも言えます。

そこで、メモをするときに、そのときの感情や気分もあわせて記載します。メモした提案を自分はどう思うのか？　評価するのか、しないのか？　いまどんな気分なのか？　感情や気分も追記することで、記憶されやすいよう仕向けます。

感情・気分は**「やった！」「嬉しい！」「面倒だ」など、言葉で書いてもいいですし、感情マークのようなものをイラストとして描いてもいいでしょう**。もしイラストは面倒だというのなら、感情を表現できるような市販のシールを購入して、それを貼り付けるという方法もあります。スタンプのようなものがあれば、それでも構いません。メモのすぐ近くに感情や気分を追記していきましょう。

Note.
06
メモを家中に貼り、反復を繰り返して覚える

5min

記憶の定着には「反復」が効果的ですが、それを実現するのが、ノートの見返しという作業です。ノートを常に携帯して、時間があるときにこまめに見返す。それが習慣化されることで、メモを目にする時間が飛躍的に伸びていき、効果も上がっていきます。また、ビジネス用のノートとプライベート用の手帳・メモ帳を一冊にまとめてしまうことで、ノートを携帯する時間も増えていくことになります。

ただ、受験勉強や資格試験の学習、英検対策など、短期間で膨大な知識を詰め込む必要があるときには、ノートの見返しだけでは物足りないと感じるかもしれません。そんなときは「**メモを家中に貼り、反復を繰り返して覚える**」というメソッドがおすすめです。

とくに重要な事柄を紙に書き、**家の至るところに貼り、常に目に留まるように**していきます。メモを書くときにはできるだけ、大きな文字で太く目立つように書いたほうが、遠くからでも目につくのでいいでしょう。ときには色を変えてもいいでしょう。

自室はもちろん、**トイレや食卓、寝室など、生活動線のさまざまなところにメモを貼っていきます**。冷蔵庫のドアなどもメモを貼りやすい場所です。トイレは比較的、滞在時間も長く、手持ち無沙汰になりがちなため、メモがあると自然と読むことになります。本や漫画をトイレに置いている人もいますが、テストなどが差し迫っているのなら、本を撤去して、メモを貼りまくりましょう。

このようにすれば、仕事や勉強の時間以外も反復に使うことができます。職場のデスクにもポストイットなどでメモを貼り、ふとした瞬間に目に留まるようにします。慌ただしく働いていると、デスクや勉強机に向かって学習できる時間は、意外と限られているものです。思ったほど時間が取れないのです。家中にメモが貼ってあれば、デスクに向かわない時間も学習に充てられます。

それでも、ずっと同じ内容のメモを貼っていると、そのうち注意を払わなくなっていきます。メモが風景の一部となり、覚えようという意識が働かなくなっていきます。そこで**ときどきメモを書き直したり、書いていたフレーズを新たに変えたりする**ことで、飽きずに見る工夫をしていくことも大切です。

一見すると、単純な手法に思うかもしれませんが、効果はあります。友人や恋人が家に遊びに来たときには、急いで外しましょう。ギョッとされる恐れはありますので。

Note.
07

忘れるときは忘れる。開き直りもときには必要

5min

メモしたことは、すべて記憶して、忘れない。それが理想ではありますが、絶対にすべてのメモを覚えられるという確証は残念ながらありません。もちろん頭脳ノートメソッドを実践して、記憶力を高めることはできますが、100%覚えられるようになるわけではありません。

人間は忘れる生き物です。無責任な発言に聞こえるかもしれませんが、こうした認識を持つことは大切です。うっかり忘れてしまうからこそ、忘れないようにメモに残す。大事なことだから、何度も反復して記憶しておこうと意識を向ける。人間の能力を過信せず、ノートを上手に活用していくわけです。

パソコンやスマートフォンにデータとしてメモを残すと、バックアップを取っていても、何かの拍子に全部消えてしまったらどうしようと、不安が拭えません。しかし、ノートに書いたメモは紛失したり、自分で消したりしない限り、いつまでも残ります。**どんなときも気軽に振り返ることができる外部メディアがノート**なのです。

またノートにきちんとメモを残しておくと、覚えておかなければいけない大事な事柄が気にかかり集中して仕事ができないといった、効率の悪い働き方を回避できます。忘れたらいつでもノートを見返せばいい、そんな安心感があり、目の前の業務に没頭できるわけです。**脳の記憶容量がいっぱいにならないように、ノートにメモを残して、その分、他の作業に力を注ぎましょう。**

また、覚えたことは積極的に捨てていくことも大切です。ノートに大量のメモが残っていれば、当然、それだけ覚える量が増えてしまいます。見返すときにも、すでに覚えていることまで、目にしなければいけません。見返すべきは、覚えていない情報だけです。

そこで、もう**覚えたと思ったメモはどんどん捨てていきましょう**。該当の部分に大きく「×」を書いて、消しても構いません。そこだけ破り捨ててしまっても構いません。記憶した情報は目に触れないようノートから削除していきます。

忘れるときは忘れる。自分の能力を過信せず、ノートに頼る。そんな開き直りもときには必要なのです。

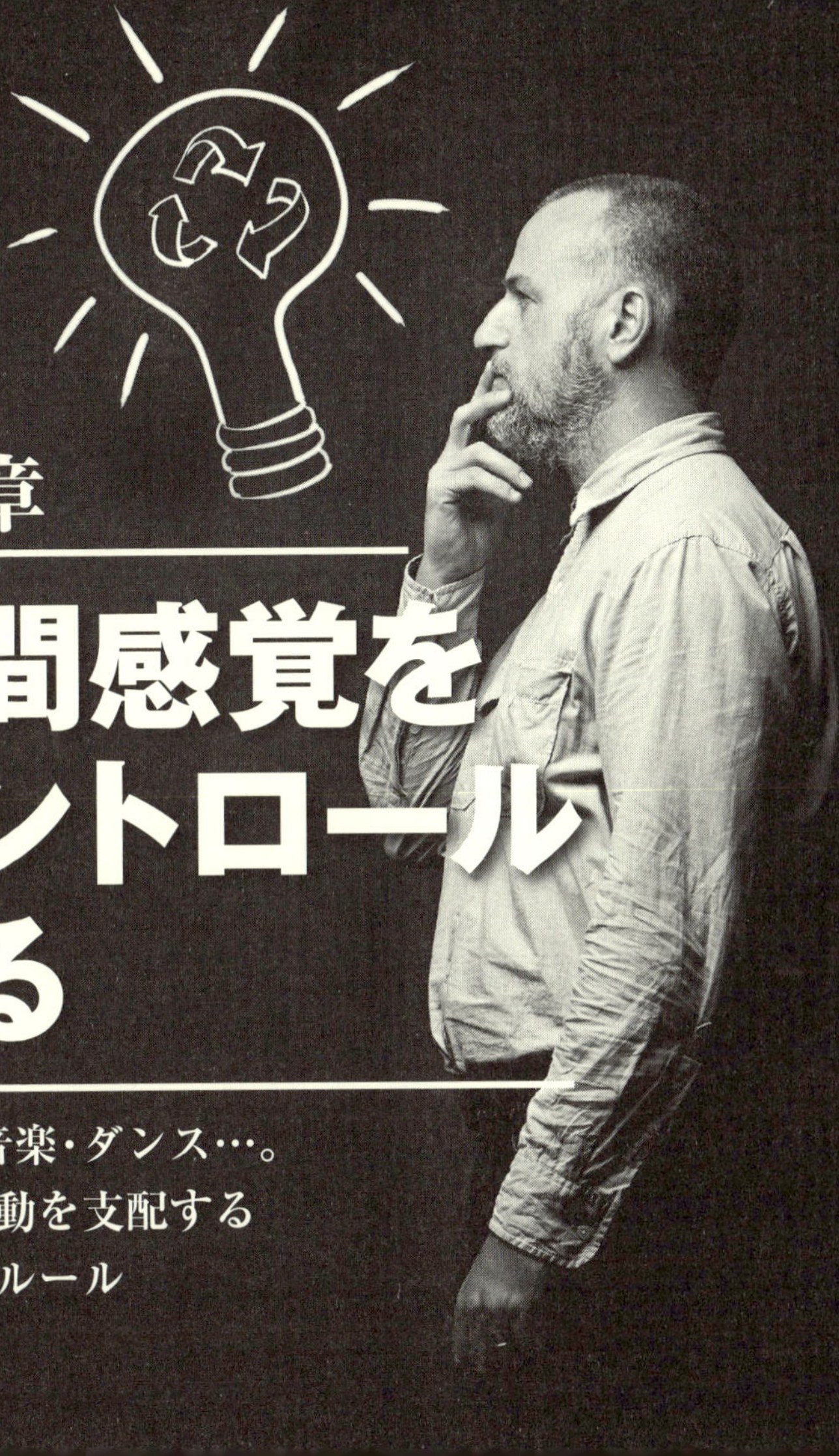

第3章

時間感覚をコントロールする

～会話・音楽・ダンス…。
人間の活動を支配する
脳内３秒ルール

スケジュールがしばしば遅れてしまうのは時間感覚がズレているせい？

スケジュールをしっかり管理し、予定通りに行動しているつもりなのに、どんどん予定がずれ込んでいく。そんな経験はないでしょうか？

大勢の関係者やプレイヤーが関わっているビジネスの現場では、自分はスケジュール通りに進めていても、誰かの作業が滞ることで、その影響を受け、止むを得ず、納期や予定が遅れてしまうことがあります。

また、次から次へと新規の業務を押し付けられて、手が回らなくなることもあります。打ち合わせの予定が突発的に入ることだってあります。

そもそも時間の見積もりがあまく、当初からスケジュールが破綻していた可能性もあるかもしれません。時間を守るというのは社会人として基本の基本ですが、意外と徹底できないものです。

あなたの時間感覚には、問題はないのでしょうか？

考えてみれば、私たちは時計がないとスケジュール通りに行動できないのでしょうか？　時計がなくても、ある程度、時間の予測をすることは可能です。この作業がどれくらいで終わるのか、経験則で導き出すことだってできるでしょう?

では、私たちはどのようなメカニズムを駆使して、時間を感知し、行動の規範にしているのでしょうか? 時間感覚を磨くことも可能なのでしょうか?

時間感覚がズレていることに、自覚的でないケースもあります。例えば、誰からも「おっとりしている」と表現される人がたまにいます。口調がゆっくりしていたり、会話のテンポが人と比べて遅かったりする人もいますし、行動自体は別に遅くなかったとしても、醸し出す雰囲気でそう言われている人もいます。

ただ多くの場合、本人にはその自覚がありません。彼らはゆっくりした時間の流れの中で生きているから、そう感じさせるのでしょうか? もし一人ひとりが感じている時間に齟齬《そご》があるのなら、意図的に正す必要があるかもしれません。

そこでこの章では、人がどのように時間を感じているのか脳科学の視点から捉えつつ、時間やスケジュールの管理を的確に行うためのノート術について考えていきます。

時間感覚をコントロールする

〜会話・音楽・ダンス…。人間の活動を支配する脳内3秒ルール

時間とは客観的なもので時計など機械で計るもの。そう思っている人もいるかもしれませんが、人間にも時間感覚が備わっており、さまざまな時間やリズムを感じながら生きています。

例えば、代表的な生体の時間のリズムに、**約24時間周期で変動する「概日《がいじつ》リズム」**があります。一般的には体内時計という表現で知られているものですが、人間に限らず、動物や植物、あるいは菌類や藻類にも備わっていることがわかっています。概日リズムは睡眠や摂食のパターンを決定するのに重要な役割を担っているとされ、脳波やホルモン分泌、そして細胞の再生などに概日リズムが存在しています。

また、概日リズムには脳の視床下部が関与。概日リズムが乱れると時差ボケや睡眠障害が起こりますが、強い光や温度、食事などによって、修正することができると言われています。

このリズムはいわば視床下部のクロックにより半分自動的に決められるのですが、人が意識して知覚できる時間の長さはm／s単位の短い時間、数秒か数分、数時間、数日、さらには数年まで広い範囲に及びます。そのような時間の認知には脳のさまざまな部位が関わっています。

時間の長さが変わると、感知するそれを処理している脳領域も変化します。例えば**1秒以下の極めて短い時間の認知には小脳が関与**しています。1秒以上から数秒までは大脳基底核が、そして、もう少し長い時間には大脳皮質が関わっていると言われています。ただし、これらの神経構造が独立して時間を感知しているのではなく、複雑に絡み合い、時間を捉えていると考えられています。過去の時間、未来の時間のいずれかによっても脳の認知処理機構は変わります。

小脳は、だいたい時間がどれくらい経ったのかという時間の予測にも関連していると思われています。例えば小脳に疾患を抱えている人に対して、音を1秒ごとに鳴らし、それに合わせるようにタッピングしてもらうという課題を与えます。健常者であれば、ある程度、間隔を予想するかのようにタイミングを合わせて、タッピングできるのですが、小脳疾患の患者は、1秒間隔で鳴らした場合には問題なくこなせるものの、2秒間隔になるとズレが生じはじめ、3秒間隔では合わせるのが難しくなります。

健常者では3秒間隔くらいのタイミングまでは合わせることができるので、小脳疾患の人は合わせられる時間間隔が短くなっているのです。したがって、小脳では時間予測も行っているのではないかと考えられているわけです。

私たちが外界の時間の長さを感じるときには、どのようなことが脳の中で起こっているのでしょうか。おそらく脳の中にリズムを作る時計のようなものがあって、時間の流れをその時計のクロックで計っているというようなことが考えられています。この時間の経過の中で計ったクロック数（クロックカウント）が、感じた時間の長さに相当します。これをそれまで経験したことのある時間の長さ（クロックカウント）と比較することによって、時間の長さを感じることができるわけです。

この時計のクロックの進み方が病気によって変わることがあります。パーキンソン病という難病をご存じでしょうか？　大脳基底核の機能障害が原因で発症する進行性の病で、手の震えにはじまり、筋肉のこわばりのほか、動作が遅くなるといった症状が出ます。どうしてパーキンソン病になるのか、まだ不明な点が残っていますが、ドーパミンを作る黒質の神経細胞の数が正常のドーパミン量の20％を下回ると発病すると考えられています。パーキンソン病によって動作が遅くなったときに、はたして心のリズムはどうなっているのでしょうか？　動作と同様に心のリズムまで遅くなっているのでしょうか？　そうなると、周囲が自分の感覚よりも早いスピードで動いていると感じるはずです。

心の中のリズムを調べるためにこんな実験があります。動物実験では脳のドーパミンの機能を遮断すると、脳のクロックのリズムが遅くなることが示されています。同じく脳でドーパミンが不足しているパーキンソン病の患者に3秒間ある音を聞かせて、「いまのは何秒経ったと思いましたか？」と質問します。心のリズムまで遅くなっているなら、健常者よりも短い時間を回答するはずです。同様に「3秒間、ボタンを押してください」と依頼すれば、心のリズムが遅くなっているため、実際の3秒よりも長くボタンを押そうとするはずです。しかし、実際には前者では長い時間を回答する傾向が見られたと言います。パーキンソン病では、動作が遅くなる一方で、同じことを繰り返すと次第に動作が早くなるという現象も見られるため、そのせいではないかと考えられています。このようにドーパミンと時間感覚の関係には未解明な点がまだ多く残されています。

人間が意識できる最も短い時間単位は100分の3秒である

また、ドイツのエルンスト・ペッペル博士が唱えた、時間に関する「ペッペル仮説」があります。ペッペル博士は、**人間がひと塊として意識できるいちばん短い時間単位は100分の3秒程度であり、いちばん長い時間単位は3秒程度である**と唱えました。光や音に反応して被験者がボタンを押す反応時間を調べると、特定の時間に偏る傾向が見られたと言います。反応時間の分布が100分の3秒ごとの間隔に偏っているわけです。なぜ100分の3秒なのか、メカニズムはまだわかっていませんが、脳の神経系が100分の3秒周期で振り子のように振動しているのが原因だと考えられています。

「いちばん長い時間＝３秒」については、「ネッカーの立方体」という実験があります。これは線で描いた立方体をじっと眺めていると、誰でも数秒後には面が反転して見える（ひとつの角がこちら側に出っぱったり、向こう側に引っ込んだりして見える）というものです。動くはずのない描かれた立方体の見え方が変化するわけです。立方体が反転しないよう意識しながら見つめても、それを保てる限界が約３秒だと言われています。

そのほかにも、会話をしているときの音節の切れ目や、音楽やダンスも2～3秒で区切ることができる、ひと塊の時間があるとペッペル博士は考えました。会話の場合、**意味の塊が長すぎても、短すぎてもコミュニケーションに支障をきたす**というわけです。これらのことからペッペル博士は、人間の意識は3秒に一度、新しくリフレッシュすると考えています。この説に従うならば、人間のさまざまな活動は3秒程度の塊をもって、制御されているということになります。

楽しいときや集中しているときは、時間があっという間に過ぎてしまう理由

時間は主観によって、長く感じることもあるし、短く感じることもあります。例えば、集中していると時間が短く感じられ、退屈な作業をしているときには時間が長く感じるのは、どうしてなのでしょうか？

一説によると「注意」が関係していると言われています。**脳が活動する際、注意に向けることのできるリソースの総量には限界がありますが、楽しいことが起こっているときには、状況を記憶したり、分析したりと、情報を処理するために多くの注意が向けられます。**このとき時間を感知するのが一定の限局した場所の神経細胞の活動なのか、あるいはいろいろな場所の神経細胞の集団を結びつけるネットワークが作り出すリズムが発火しているのか、詳しいメカニズムまではわかっていません。しかし情報処理に注意が向くために、時間に向けられる注意のリソースが減り、先に述べた時間を計る脳内のクロックカウントが減ることが原因だと考えられています。

注意がそらされたことで、時間を検知する細胞がわずかしか発火せず、その結果、カウントされるクロック数が減るため、時間が短く感じられるという説です。反対に退屈なときには時間の処理に集中するため、クロック数が増えます。そのため時間を長く感じるというわけです。したがって、どれくらいの注意を時間に分配できるかで、時間感覚が変わります。起きた瞬間にまるで時間が経っていないかのように感じることがあるのは、寝ている間にはクロックが休んでしまうためです。

また、子どものころ、夏休みの1カ月は非常に長く感じたものですが、大人になると1カ月はあっという間に感じます。1年さえも、すぐに過ぎ去っていくように感じる人は多いでしょう。こちらの時間感覚にも、さまざまな説があります。ひとつは、これまで生きてきた時間との比較です。例えば1歳児が感じる次の1年間は、これまで生きてきた時間とほとんど変わりません。しかし、60歳の人が体験する次の1年間は、人生で見れば、60分の1にすぎません。そのため短く感じます。

あるいはあとから振り返ると、その期間が長く感じることもあります。多くの思い出があるような濃密な時間を過ごしたなら、振り返ることがたくさんあります。経験している最中は「注意」が楽しい出来事の処理に向けられるため、一瞬に感じますが、あとから振り返ると今度は長く感じるわけです。したがって、**どの時点を基準に時間を捉えるかによって、時間は長くなったり、短くなったり、変化する**ことになります。

磁気刺激で脳は変わる。時間感覚を変化させることも可能

では、ズレてしまった時間感覚を矯正することはできるのでしょうか？　磁気刺激や電気刺激などによって、時間感覚を変えることができると言われています。

電流を流すと磁場が発生するコイルを頭に載せ、時間の認知に関わっている前頭葉を刺激します。頭蓋骨は電流を通しにくいため、外から刺激を与えようとすると高圧の電流を加えることが必要になり痛みもともないますが、磁場なら頭蓋骨を通り、痛みも感じないと言います。このようにコイルで脳に磁場を与えると、コイルで発生させた磁場を打ち消そうとする電流が生じ、それが神経細胞を刺激するという仕組みです。こうした磁気刺激を一定の時間、連続して与えると、磁気を止めたあとも、しばらくその効果が残ると言われています。一時的に脳の機能が変化するため（可塑性）と言われていますが、この効果を使って刺激を与えた前頭葉の機能を一過性に変化させるのです。

磁気刺激を与えすぎると、てんかん発作を起こす可能性があるため、使用に関する厳しいガイドラインがあり、頻度や刺激の強さなどが規定されています。そのため専門の医師のもとで行わなければなりません。

さらに直流の電気によって脳を刺激することで、脳の可塑性を変えることができるという報告もあります。弱い電気刺激を陰極と陽極から流し続けるという刺激法で、こちらも最近、うつ病などの治療の現場で取り入れられています。

また、代謝が上がると時間感覚も活発になると考えられています。運動したあとなどは、代謝が上がっているため、時間が遅く感じられ、反対に代謝が落ちている朝の時間帯などは動作も遅く、時間が早く進んでいるように感じるわけです。

こうした脳の特性を踏まえたうえで、私たちができる時間管理の工夫にはどんなものがあるのでしょうか？　人間は常に同じ注意力を仕事に向けることができるわけではありません。興味深いことや楽しいことがあると、注意がそちらに向き、時間感覚への処理に手が回らなくなってしまいます。また人間の活動には概日リズムや3秒ルールなど、抗《あらが》えない規則性があります。そのため、スケジュールを細かく決めすぎると、実際の時間の流れと心の中で感じている時間のミスマッチが起こって、一定時間の中で仕事をこなせない可能性が出てきます。予想していたよりも手こずったり、気分が乗らないこともあります。

したがって、ある程度の余裕をもたせた行動予定表を作ることが推奨されます。やるべき項目を決め、大きな時間枠の中でそれをこなすわけです。多少時間がズレてしまっても、修正できるようにしておきます。突発的な予定が入れば、追加することも容易です。そして1週間に一度くらいの頻度で進捗を確認し、予定をアップデートすることで、時間を管理できるようにします。

Note.
01

「ToDoリスト」の作成から1日をスタートさせる

5min

同じ仕事をしているのに、どうして要領の良い人とそうでない人に分かれてしまうのでしょうか？　さまざまな理由が考えられますが、自分の仕事の全容を把握できていない場合に、要領が悪くなりがちです。真っ先にすべきことを後回しにして、優先順位の低い作業から片付けようとしたり、一気にこなせば効率的にできる業務を別々にやってしまうこともあります。また集中力がなくなると、急にデスクを整理しはじめたり、ネットサーフィンをしだしたりと、リストにない雑用をする人がいます。

そんな事態を避けるためには、「ＴｏＤｏリスト」が有効です。「ＴｏＤｏリスト」はその名の通り、〝すべきこと〟を一覧にして書き出した作業リストです。**自分はいま何をすべきなのか、一度すべて書き出してリスト化することで、予定の漏れや、優先度を見誤りを防ぐことができます。**同時に、リスト化した作業を順番にこなしていくことで、書いていない雑用はやらないというルールを作ることができます。情報を適切に管理するには、まず全体像を把握することが大切なのです。

またＴｏＤｏリストを作成するタイミングですが、出社して、最初に行うべきです。メールのチェックなどはあとにして、その日のスタートとして、まずはＴｏＤｏリストを作っていきます。

一度、思いつくまま予定を書き出していきます。このとき、**手間や時間がかかる作業は細かい作業に落とし込んで、リストに記載していく**と、スムーズにとりかかることができます。

例えば、プレゼン用の資料を作成する必要があるなら、「アウトライン（構成）を考える」「データを集める」「図を作成する」「コピーを考える」といった具合に、作業内容を分解していきます。

ＴｏＤｏリストに「プレゼン資料を作る」と負荷の高い作業をそのまま書いてしまうと、完了するまでに時間がかかるため、いつまで経ってもリストの作業が終わりません。**リストの数が減らないため、仕事が前に進んでいる感覚が乏しい**のです。そこで「プレゼン用のアウトラインを考える」と小さな作業に分解することで、モチベーションを落とさずに取り組むことができるようになります。

仕事の全体像を把握し、無駄な作業に手を出さないためにも、１日のスタートはＴｏＤｏリスト作りからはじめましょう。

Note.
02

手間と時間はどれくらい？作業にかかるカロリーを割り出す

5min

「ＴｏＤｏリスト」を作ったはいいけれど、いつまで経ってもリストを消化できずに1日が終わってしまう。むしろ作業予定が積み上がっていき、やることが増えていく。要領が悪い人の特徴です。ひと昔前なら、残業は美徳でしたが、その価値観もかなり変わりつつあります。てきぱきと終わらせ、定時に帰宅するほうが、評価される時代です。そもそも業務に対して、人が足りていないという会社の不手際が原因のケースもありますが、作業効率を上げる努力をして損はありません。

朝イチで作った「ＴｏＤｏリスト」を効率的に運用していくために必要なのが、**それぞれの業務をこなすために必要なカロリー（時間）を追記する**ことです。作業が完了するまでに、いったいどれくらいの時間がかかるのか割り出し、ＴｏＤｏリストの横に記載していきます。こうすることで**優先順位をつけることができ、1日のスケジュールも立てやすくなり、作業効率をアップさせることができます**。

はじめて作業カロリーを割り振るときには、実際にかかった時間と当初の予定が乖離《かいり》してしまうことがあります。作業をはじめる前に書いたカロリーは、あくまでこれまでの経験則から割り出した予測にすぎないからです。実際にやってみたら、思いのほか時間がかかってしまうこともありますし、早く終わることもあります。また手慣れた業務であっても、時計を見ながらやった経験がなく、何分で終わるのか改めて書きだそうとすると、想像がつかないこともあります。

そのため、**作業の途中で、予測した時間と乖離していないかチェックすることが大切**です。続けるうちに、予測と実際の作業時間に誤差がなくなっていきます。自分の作業ペースが把握できるようになってきた証拠です。また、もし**予測よりも作業が遅れていることに気がついたら、挽回しようと急ぐ気持ちも働きます**。すると作業スピードも上がり、より効率的に動くようになっていきます。

正確な作業カロリーを割り出すことができれば、作業に優先順位を付け、1日のスケジュールを作っていくのも簡単です。それぞれの作業時間がわかっているため、予定を詰め込みすぎることもありません。作業カロリーを追記したToDoリストは、デスクのいつも見える位置に貼っておきます。こうすれば、1日の予定を管理できるようになっていきます。

Note.
03
作業に優先順位を付け、必ず終わらせる業務を明確に

5min

出社したら、1日のはじめに「ToDoリスト」を作成し、それぞれの作業に目安となるカロリー（作業時間）を記入します。そして次は、どの業務からとりかかれば効率的なのか優先順位をつけていきます。

当然、大事な業務から片付けていくのが仕事の基本ですが、**時間も手間もかかる作業が連続すると、集中力が切れてしまいます**。集中が途切れれば、想定したよりも時間がかかってしまい、その日のToDoリストがこなせないといった事態を招きかねません。

そこで**カロリーの高い作業の間に、あまり疲労を感じない事務作業を挟むと効果的**です。例えばデータの入力やメールの返信など、極力思考を必要としない、手を動かす作業が向いています。

締め切りが決まっている優先度の高い作業は、リストの横に「☆」や「◎」で目印を記入します。赤いアンダーラインを引いて、より目立つようにしてもいいでしょう。まずはそれらの

作業を優先して、1日のスケジュールとして並べていきます。次にそのほかの予定の隣に、優先度の高い順に番号を付けていきます。とくに期限の決まっていない事務作業があれば、優先番号を付けずに、仕事の合間に入れるブレイク用として別にしておきます。

最後に、優先度の高い作業の間や1日の後半にそれらを並べていき、1日のスケジュールを組み上げていきます。

組み上がった1日のスケジュールはポスト・イットや小さなメモに清書して、デスクの視界に入る位置に貼っておきましょう。作業がひとつ終わったら、その都度、ペンなどでリストから削除していきます。**リストから作業がひとつ消えていくと、達成感を感じる**ので、モチベーションを継続させるのにも役立ちます。

要領が良いというのは、すべてを完璧に終わらせることができる人のことを言うわけではありません。終わらせることができなかった作業があっても、確実に重要な業務をこなしていれば、要領が良いと評価されるのです。いまは何をすべきなのか？を見極める力を持つことが、要領を良くするポイントです。終わらなかった作業は、翌日に繰り越します。

こうした「ＴｏＤｏリスト作成」→「作業カロリー計算」→「優先順位付け」を毎日行い、習慣化することで、仕事の効率は上がっていきます。

Note.
04

大きさの違う3種類のポスト・イットを使う

5min

同僚に伝言を残すときに使ったり、ノートにちょっとしたメモを貼りたいときに活用したり、気軽に貼ってはがせるポスト・イットは何かと便利です。常に携帯しておきたいビジネス文具のひとつです。そんなポスト・イットを活用した時間管理メソッドがあります。

1日の作業スケジュールを決めるのは「ＴｏＤｏリスト」ですが、仕事をしていると、アポイントの予定や追加でやるべき作業などが突発的に発生します。そのたびにＴｏＤｏリストを修正していては面倒で時間の無駄です。そこで**予定が増えたら、ポスト・イットにメモをして、ToDoリストの横に貼っていきます**。

ポスト・イットならすぐにメモができますし、簡単に貼り付けができるので、非常に便利です。追加の作業が完了し、もう不要になれば、はがして捨ててしまって構いません。もちろん残しておきたいような情報なら、記録としてノートに貼り直しておきます。粘着力が弱まっていたら、糊付けしておきます。

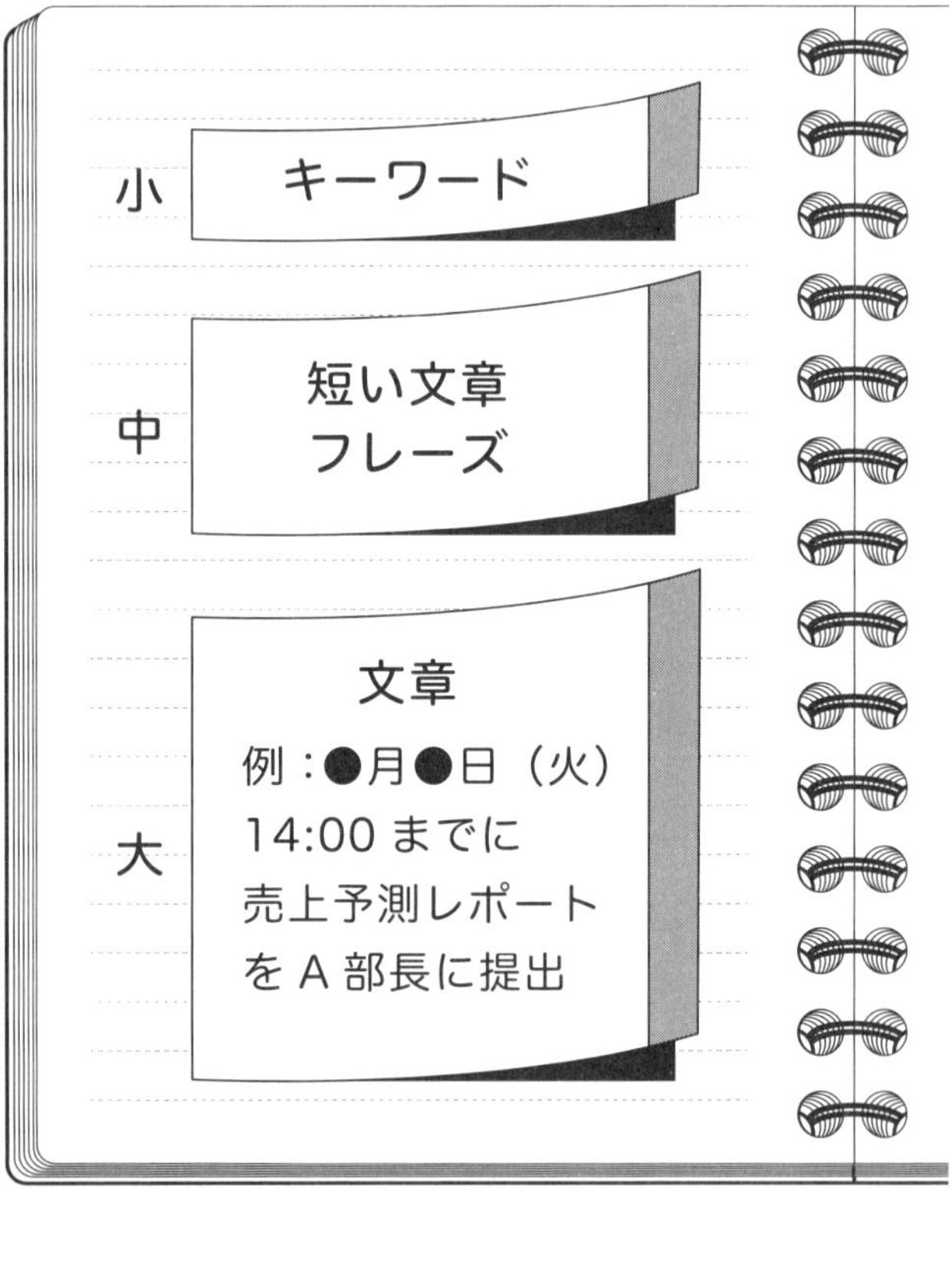
小
キーワード
中
短い文章
フレーズ
大
文章
例：●月●日（火）
14:00 までに
売上予測レポート
をＡ部長に提出

メモすべき情報はさまざまですが、**3種類のポスト・イットを駆使する**のが、この情報管理メソッドのポイントです。まずは大きさの異なるポスト・イットを3種類用意します。例えば75ミリ×25ミリ程度の小さな短冊タイプのものと、75ミリ×50ミリ程度の中型の長方形タイプのもの、そして75ミリ×75ミリの大型の正方形タイプのものを用意します。細かい寸法は違っても構いませんが、サイズの異なるポスト・イットを用意する点は守ってください。形も異なるものを用意したほうが使いやすいので、おすすめです。

またそれぞれ色の異なるポスト・イットを選びます。色のルールはありませんが、赤のポスト・イットは他の用途で使うため、避けてください。

いちばん小さな短冊タイプのポスト・イットは、忘れてはいけない重要なキーワードを記録するために使います。「プレゼン」「重要アポ」「来客あり」といった具合に短い言葉・要件を書き記します。そのほか「予約アプリ」「インデックス付きノート」といった、思いついたアイディアなどを書くことにも使えます。ノートにペタペタと貼っておけば、あとでそのアイディアの種を膨らませるときにも重宝します。買いたい本や観たい映画など、プライベートの予定をふとメモしたくなったときにも使えます。

中型の長方形タイプは、短い文章やフレーズを残すために使います。例えば「A社に見積もり、メールする」「会議室を予約する」「プロモーションのアイディアを考案する」といった具合です。やるべきことが増えたり、忘れてはいけない作業があれば、中型のポスト・イットに短い文章で残していきます。

そして、**大型の正方形タイプのポスト・イットは、長めの文章を記録したいときに使います**。例えば、アポイントの予定が入ったら「●月●日（火）14：00までに売上予測レポートをA部長に提出」「経費の精算は●月●日（水）まで。領収書も絶対に忘れるな！」というふうに記載します。

メモしたい内容や用途によって、ポスト・イットを使い分け、情報を管理していくわけです。あらかじめ、ポスト・イットのサイズや色を分けて、用途も決めておくことで、メモする必要があるときに、瞬時に行動に移すことができます。考えずに行動できるようになるわけです。このように日頃のちょっとした行動も、分類し、選別する習慣や癖をつけることで、情報を整理する力が育まれていきます。

Note. 05 仕事とプライベートの予定はすべて一元化して管理する

5min

スケジュールを管理する手帳を、ビジネス用とプライベート用の2つに分けているという人は意外と多いのではないでしょうか？　仕事の予定は手帳に記入し、プライベートではスマホのカレンダーアプリを使うという人もいるでしょう。いずれにせよ、スケジュール帳は分けて管理している人が大半だと思います。

とはいえ、例えばこんな経験をしたことはないでしょうか？　上司に休日出勤してほしいと言われたけれど、手元にプライベートの手帳がないので、週末の予定がわからずに、すぐに返事ができなかった。あるいは、週末をまたぐ出張が入りそうだけれど、家族で出かける予定があったような気がする。でも、すぐに確認することができず、出張の手配に手間取ってしまう。そんなふうに**プライベートの予定がわからないことが原因で、返答や行動が遅くなる**ことがあります。

そんなとき仕事とプライベートの予定を一元化して管理しておけば、迅速に行動することができます。また、ひとつの手帳で管理していれば、どんなときでも手元の手帳に書き込むことができます。散歩中にふとビジネスアイディアを思いついたとしても、サッとメモをとることが可能です。外出の合間に明日の予定を確認したり、以前メモした重要な情報を振り返ることも簡単です。

そもそもスケジュール帳を2つに分ける必要があるのでしょうか？　プライベートの予定といっても、デートの約束やレジャーや学校の行事など、それほど数は多くないでしょう。圧倒的にビジネスの予定のほうが多いと思います。

そうであるならば、**仕事用の手帳にプライベートの予定もすべて、統合してしまえばいい**のです。仕事の手帳にプライベートの用事が記載してあるからといって、誰かにとがめられることもないでしょう。大切な人の誕生日や記念日、週末に観た映画や買い物のリストなど、あらゆることを仕事の手帳に書き込んでいけばいいのです。

予定を混同してしまうことを心配しているのなら、仕事のメモには黒のペンを使い、プライベートの予定は赤のペンで記載するといった具合にペンの色で使い分ければ、容易に解決できます。

スケジュールは一元管理するのが、情報管理のコツです。

Note.
06

今日やり残した作業を赤いポスト・イットに書き出す

5min

「ToDoリスト」を作成し、作業カロリーを計算。優先度をもとに、1日の作業スケジュールを立てたけれど、それでもすべての業務を完了することができなかった。そんなことはよくありますよね？　いくら綿密に計画を練っていても、突然の来客があったり、トラブル処理のために現場まで出かける必要が出てきたり、会議や打ち合わせの予定が急に入ったりと、スケジュール通りに進まないのが、ビジネスです。

もし、完了できなかった作業があったら、あなたはどうしていますか？　翌日、とにかくその作業を完了させることに集中しますか？　それとも改めてToDoリストを作ってから判断しますか？

完了しなかった作業を、翌日そのままToDoリストに追加すると、新しい仕事と交ざってしまい、区別がつかなくなってしまうというリスクがあります。その結果、繰り越した作業がずるずると先延ばしになっていき、作業の終了が大幅に遅れることにもなりかねません。もちろん締め切りや期限がとくに設けられていない作業もありますが、早めに終わらせておきたいところです。

そこで、**やり残した作業がある場合には、1日の最後にポスト・イットに書き出していきます**。どの作業が終わらなかったのか、できれば進捗状況も詳しく書いておきます。このとき、期限が決まっており、**最優先でやる必要がある業務の場合には、赤いポスト・イットに書き記します**。繰り越したけれど、それほど緊急の用事ではないのなら、黄色のポスト・イットに記入して、区別しておきます。この赤と黄色のポスト・イットはデスクに貼り付けてから、退社しましょう。

翌朝、出社し、まずとりかかるのは、ＴｏＤｏリストの作成です。新規の業務を加えて、**1日のスケジュールを立てる際に、赤いポスト・イットの業務は最優先で予定に組み込む**ようにします。黄色のポスト・イットに書いた業務は、他の業務の優先度を見ながら、予定に組み込んでいきます。

毎日、帰る前にポスト・イットを使って、繰り越す業務に優先順位を付けておくことで、作業が完了できなくても、大幅に遅れることなく管理できるわけです。

「頼んでいたあの仕事はどうなった？」などと聞かれることがないよう、繰り越した業務は必ず赤のポスト・イットに記録して、あらかじめ業務を管理しておくことが大切です。

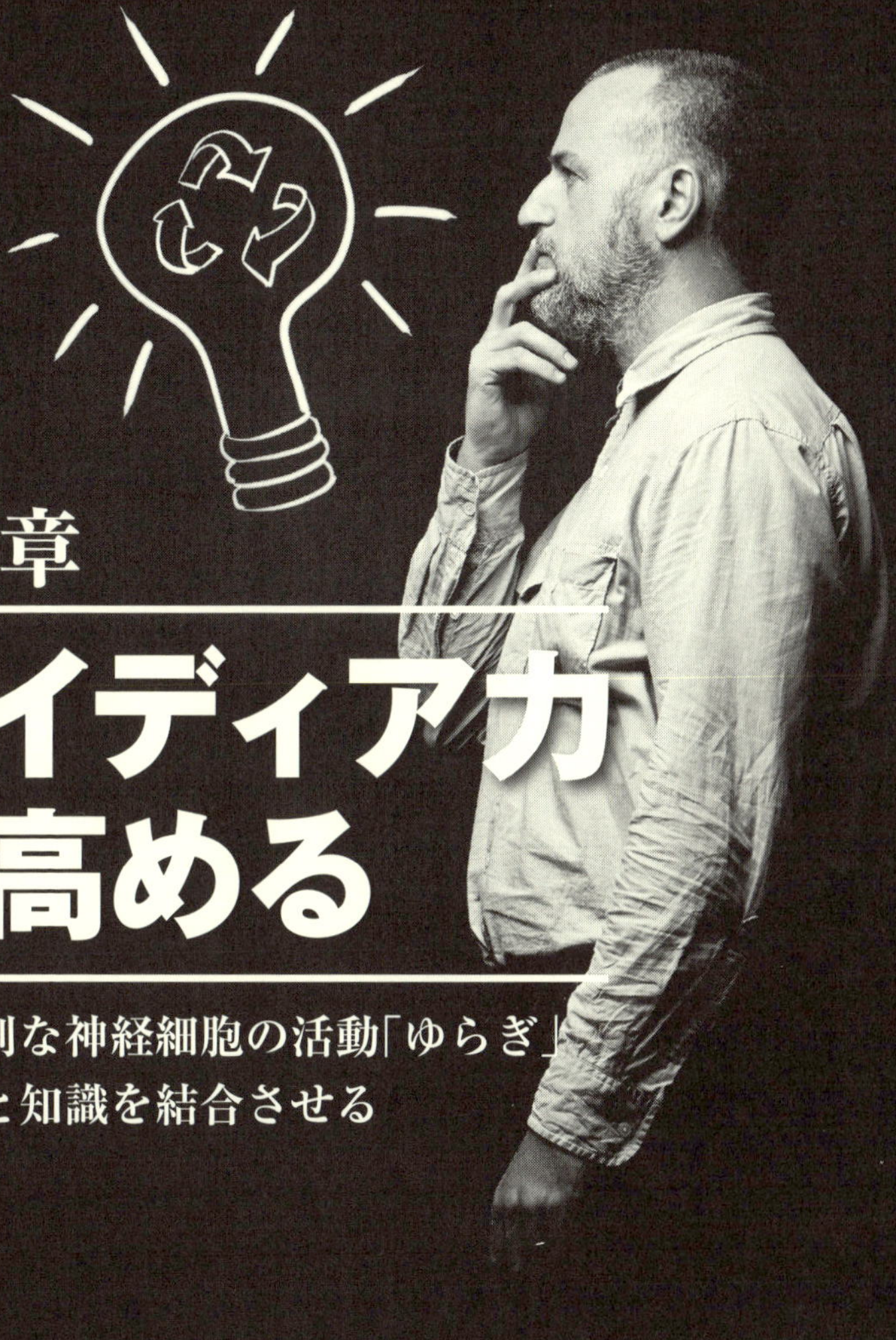

第4章

アイディア力を高める

～不規則な神経細胞の活動「ゆらぎ」が知識と知識を結合させる

他人とは違うアイディアを生み出すにはどうしたらいいのだろう?

プランナーや企画職といったアイディア出しの専門職でなかったとしても、何か新しい企画や発想を求められるケースがあります。新製品に関するアイディアやプロモーションの案、あるいはちょっとした感想や思いついたことを述べるよう、会議などで発言を促されることもあります。

行き詰まった会議を打開してくれるような、ちょっとした気づきを求めてのことでしょうから、これもひとつのアイディアだと言えます。

言われたほうにとっては大きなプレッシャーで、何かいいことを言わなくてはと、肩に力が入ります。こんなとき、参加者をうならせるような意見が言えたら、評価もグッと上がるのにと、つい妄想してしまいますが、なかなかそうはいきません。

こうしたアイディアを求められたとき、あなたならどうやって切り抜けていますか? アイディアを出すのが好きで、とくに苦にしないなら問題はありません。ですが、そういう人ばかりではありません。

新しいことを発想するのが得意な人から何かいいアイディアが出るまで、待ちますか？　それとも自分なりに考えた案を思い切って披露してみますか？　しかし、いくら頭をひねっても、何も思いつかないこともあるでしょう。

あまりに稚拙なアイディアで恥ずかしくて、とても発表できないということもあるかもしれません。

どうすればアイディアが湧き出てくるようなクリエイティブな人になれるのでしょうか？　なかなか難しい問題です。誰もがその方法で解けば正解が出るような数学とは違い、アイディアには方程式がありません。また誰もが思いつかないようなアイディアにこそ価値があるわけです。つまり、ルール化すればするほど、アイディアの斬新さが失われる危険があります。

とはいえ、アイディア力を磨く方法はどこかにあるはずです。そこで本章では、どうすればアイディアを思いつくことができるのか？　効果的な思考術があるのか？　脳科学とノート術の両面から、考察していきます。アイディアを出すことが習慣化できるようなメソッドについても考察します。

最新の脳科学で判明した脳とアイディア力の関係、そしてノートメソッドとは？

アイディア力を高める
～不規則な神経細胞の活動「ゆらぎ」が知識と知識を結合させる

与えられた業務を完璧にこなす。できるビジネスパーソンになるための大切な要素ですが、それだけでは一人前ではありません。新しい製品・サービスやビジネスモデルを生み出したり、企画会議で斬新な発想を披露するなど、アイディア力を発揮することも求められます。しかし、発想する力を科学的に伸ばすことができるマニュアルというのは存在しないため、自分で鍛えたいと考えてもなかなか難しいところです。とはいえ、周囲を見回せば、次々と柔軟な発想ができるアイディアパーソンが確かにいます。彼らの脳と私たちの脳では、どこかに違いがあるのでしょうか？　生まれ持った資質なのでしょうか？　それとも努力次第で向上させることが可能なのでしょうか？

ここからは脳と発想力の関係をついて解説していきます。ひらめきや発想力は何をもってクリエイティブだと判断するのか基準が曖昧で、実験や検証が難しい分野だと言えます。そのため、あまり研究が進んでいません。ただ、いくつかわかっている事実や有力な説があります。

まず、アイディア力や発想力のある脳とはどんなものなのでしょうか？　脳が何かを発想するときには、ベースとなる記憶された知識が欠かせません。「知的な脳」である必要があります。極端にいえば脳がからっぽでは、新しいアイディアをひらめいたり、何かを創造したりすることはできないからです。とくにビジネスの現場で求められるアイディア力では、なおさら知識や経験が欠かせません。生活を通じて収集した小さな気づきや消費者としての経験が、利便性の向上や商品の改良につながるからです。

つまり考えるためには、そのための材料を用意することが必要だというわけです。ゼロからは何も生み出すことができません。記憶された知識は学習だけではなく、経験や読書などの疑似経験から得ることもできます。良いアウトプットをするためには、まずはインプットをたくさんすることです。

脳を構成する神経細胞は、電気信号を発して情報のやりとりを行っていますが、その数は大脳で約140億個、小脳で約1000億個、脳全体になると約千数百億個にもなると言われています。神経細胞は別の神経細胞とつながり、複雑なネットワーク（＝神経回路）を形成しています。さまざまな情報を脳内でやりとりし、思いがけない結びつきを促していくためには、このネットワークの構築が重要になります。ネットワークは脳が創造性を発揮するための基盤になります。

例えば、幼いころに「1＋1＝？」といった計算問題を解くと、ときには間違え、試行錯誤を繰り返しながら「2」という答えを獲得していきます。一度、答えがわかると、次第に、深く考えなくても「2」を導き出すことができるようになっていくのは、なぜでしょうか？　それはネットワークが形成され、さらに繰り返して学習することによって、そのネットワークが強化されるからです。ネットワークが強化されると、安定的に信号を出力することができるようになっていきます。

1歳から3歳までに急速に発達し、シナプスの数が増大する

人間の脳は1歳から3歳程度までに急速に発達し、神経細胞のつなぎ目であるシナプスの数を増やしていきます。その後、神経回路を柔軟に変化させながら、脳の土台を作っていきますが、これがだいたい9歳くらいまでと考えられており、感受性期（以前は臨界期）などと呼ばれています。この時期を過ぎてしまうと発達しにくくなる視神経のような部位もありますが、20歳くらいまでは脳は成長を続け、ネットワークを構築していきます。もちろん20歳以降も脳は使えば使うほど発達します。

ちなみに脳の神経細胞は一度、毀損《きそん》・死滅すると、再生しないことが知られています。しか

も、一定数まで増えたあとは、自然と細胞の数が減っていきます。そのため以前は、20歳ごろまでに成長した脳は、あとは加齢によって、老化の一途をたどっていくと考えられていました。しかし、減少する細胞の数は脳全体の約千数百億個から見れば、極めて微量です。

しかも、知識や経験を積むことで、人は効率的に物事を判断する術を身につけていきます。新しい知識の獲得は苦手になっていくかもしれませんが、問題を解決する能力はあまり衰えることがないと考えられています。あくまで、統計的な調査によるバイアスと脳細胞が減少することへの負のイメージが、脳は加齢により老化しつづけるといった俗説を生み出していると言えそうです。

計算問題のような知識だけではなく、空間の認識も鍛えていくことが大切です。側頭連合野という形や色を認識する部位がありますが、小さい子どもは、積み木などで遊びながら、形や色への認識を強化していきます。また空間や場所の認識を司る頭頂連合野や、視覚からの情報を使いながら、積み木で何が創造できるのかを学習していくわけです。

こうした強固なネットワークの構築と、記憶された知識を手にすることではじめて、創造性を発揮するための土台ができあがります。ただし、ひらめきは偶然性が高く、コントロールすることが難しいと言えます。創造性を発揮しやすい脳の状態を作ることはできますが、意図してアイディアを出すことは困難だというわけです。

神経回路の思いがけない結びつき。それが「ゆらぎ」

さて、アイディアの創造で大切にしたいのが、思いがけない結びつきです。「ゆらぎ」と表現する人もいます。物事が急激に変化することを「相転移」と呼ぶことがありますが、その前兆となる現象のひとつに「ゆらぎ」と呼ばれる不規則性やばらつきが増大することが知られています。こうした相転移を起こす直前のゆらぎの増大が、ひらめくという行動を起こす際に重要なのではないかと考えられているわけです。訓練されたサルを使った実験で、問題解決に先立って、前頭前野の神経回路が不安定になり、それにともない不規則な神経細胞活動が観測されたという報告もあります。

また優れたアイディアは、誰かの発想を下敷きにしていたり、過去の知恵や周囲にあるものを取り込み、上手に加工しているケースがあります。

例えば、工業製品のデザインは昆虫や動物などの造形・色彩を参考にしていることがよくあります。彼らは進化の過程で、必要に迫られ、その造形や色彩を獲得したにすぎませんが、進化には常に理屈があります。飛行機も鳥の羽などを参考に、当初はデザインされていきました。

実際に飛べる鳥の羽の形状や筋肉を観察し、翼のデザインに生かせる点はないかと人々が考えたからです。したがって、アイディアを生み出したいのなら、観察し、知識を獲得することも欠かせません。

脳の意思決定は前頭葉の前頭前野が中心になって行われていると言われています。また脳の中では側頭葉と頭頂葉が連携し、情報を交換しています。さらに頭頂葉から別の場所への投射もあります。このように脳のネットワークをフルに使うことでひらめくこともあります。

その際には判断を司る前頭葉の活動を抑制し、常識にとらわれた発想を広げることも重要だと言われています。散歩をしている最中にアイディアが浮かんだり、頭をリフレッシュさせるために自然が豊かな場所に足を運んだりする人がいるのは、そのためです。同じことをずっと考えることも必要ですが、前頭葉をリラックスさせることで、脳の中でリンクして別の発想が生まれるということがあります。

そのほか、睡眠がひらめきに関係しているのではないかと考える説もあります。人間は睡眠中に、その日起きていた時間に経験した行動や記憶を再現して、整理していると言われています。睡眠によって整理された情報は記憶に役立っているのです。例えば日中に一生懸命覚えようとして覚えられなかったのに、一晩寝たら、きちんと記憶されていたという経験はないでしょうか？

睡眠中の脳波を計測すると、意識が覚醒しているときにも見られるα《アルファ》波と呼ばれる脳波が出ていることが、実験で明らかにされています。また記憶に大きく関わる海馬からは、記憶を処理するときにも計測されるθ《シータ》波と呼ばれる脳波が出ていることもわかっています。

このことから、睡眠中に記憶の整理が行われていると考えられています。私たちは、睡眠中に夢を見ます。ときには理解できないような荒唐無稽な出来事が夢の中で起こることもあります。記憶の整理をしている途中に、なぜそのような意味不明の夢を見るのでしょうか？

夢の詳細については明らかになっていない部分も多いのですが、荒唐無稽な夢を見る理由は、判断や論理的な思考を司る前頭前野が活動を停止しているにもかかわらず、海馬や大脳辺縁系といった記憶に関わる部位が、睡眠中でも覚醒していることに関係しています。そのため普段は前頭前野の働きもあり制御されていた海馬に保存されている記憶が、無秩序に現れるからだと考えられています。睡眠中に思いがけない記憶の結びつきが行われることによって、新しい発想が生まれるのかもしれません。

右脳型は感性が豊か！は嘘。脳は常に両側を使っている

また、「右脳型人間」「左脳型人間」という言葉を聞いたことがあると思います。人間の大脳は左右の半球に分かれ、それぞれが脳梁という部位でつながっています。体の左半分を制御しているのが右脳で、右半分を左脳が制御しています。脳にはさまざまな領域や部位がありますが、すべてが右脳と左脳に均等に割り振られているわけではなく、どちらかに偏って存在する部位があります。代表的なのが、言語活動を司る言語野です。

言語野は、口や唇の働きを制御する運動野の隣にあるブローカ野と呼ばれる部位や、聴覚野の隣の、相手の言葉を聞き理解するウェルニッケ野という部位にあります。言語野を損傷すると、失語症などの言語障害が起こりますが、この言語野が左右のどちらにあるかは、利き手と相関があると言われています。右利きの人はほとんど脳の左側に言語野があり、左利きの人の3～5割程度も左側にあります。残りが右側にあることになります。

この言語野がある側を「優位半球」と呼び、「右脳型は感性を重視するタイプでクリエイティブ」「左脳型は論理的思考が得意なタイプで理性的」といった俗説が広まっています。しかし、現在ではこのような説にはまったく根拠がないことが実証されているばかりか、言語を使った

活動も脳の両側を使っていることがわかっています。

アイディアをメモして、それが正しいのかを自分に問いかける

では、どうすればアイディアが次から次へと湧き出てくるクリエイティブな発想力を手にすることができるのでしょうか？　脳の特徴から考えてみましょう。

ひとつは他人とディスカッションすることが大切です。誰かと意見を戦わせることで、自分では見つけることができなかった課題を指摘してもらったり、新しい視点を獲得するきっかけを得ることができます。ふとアイディアが浮かんだとき、それがまだ突っ込みどころの多い、稚拙な発想にすぎないことがあります。そのまま提案すれば、批判に耐えられず、潰れてしまうかもしれません。そんなときは、身近な人とディスカッションして、問題点を洗い出してみるわけです。

ときどき、自分が出したアイディアを愛しく思うばかりに、欠点を指摘されても聞く耳を持たない人がいます。カッとなってはいけません。あくまでディスカッションをする目的は問題点を出し尽くすことです。自分では見えなかったネガティブな点が必ず出てきます。それをも

う一度、脳にフィードバックすることで、アイディアをブラッシュアップすることができます。自分の考えを述べて第三者に意見を聞き、さらに成長させる。会議や討論は会社にとって非常に大事な作業です。その積み重ねによって、こうすればもっと良くなるのではないかといった、誰も気づかなかった独創性が生まれます。

ディスカッションする相手がすぐに見つからなければ、メモすることも効果的です。メモをとると思考を言語化することができます。漠然と考えていたことが具現化されて、問題点も探しやすくなります。まるで、もうひとりの自分と対話しているようなものです。

そもそもアイディアは古い概念と概念の組み合わせでしかないとも言えます。誰も想像すらしなかった製品やサービスをひらめくことは非常に困難です。またそれを目指してアイディアをひねろうと思っても、何も出てこないでしょう。むしろありきたりの発想ばかり出てきて、自分に失望してしまうかもしれません。しかし、すでに世の中にあるものを組み合わせるだけで、新しいものが生まれる可能性があります。既成概念を意図的に取り払い、パズルのように組み合わせてみることも効果的です。

Note.
01

メモを追記するときはペンの色を変える

5min

次から次へと発想が湧き上がってくるような頭脳の持ち主なら苦労しませんが、そうはいかないのが、アイディア力というものです。また、誰も考えたことのないような斬新な企画・提案が突如、舞い降りてくることもなかなかありません。ただの思いつきにすぎないような小さなアイディアの種をひたすら集めて、それを育てていくことが中心になります。そのうちのいくつかが企画へと昇華して、大きな花を咲かせることになりますが、まったく芽を出さないことも珍しくありません。

それでもあきらめず地道に育てる作業を繰り返すことで、アイディアを練り上げていくことが可能になります。ただし、こうしたクリエイティブな作業を習慣化することで、脳は効率的に発想できる方法を習得していきます。アイディアが練り上がるスピードが速くなり、上手になっていくわけです。

アイディアを育てるには、コツがあります。仕事中はもちろん通勤中や休日を過ごしているとき、いつでもふと思いついたアイディアがあれば、ノートにメモしておきます。あとで書こうと思っても、忘れてしまうこともあるので、常にノートは携帯しておきたいところです。あとで思い出せないようなアイディアは捨ててしまって構わないといった考え方もありますが、発想の種は多いに越したことはありません。

それが企画にならないようなくだらないことだったとしても、そこからアイディアを発展させることが可能かもしれません。したがって、**どんな些細なことでもノートに記録する習慣をつけ、残しておくことが大切**です。それに思考という形のないものは、紙に書き、文字にすることで形のあるものに変わります。もやもやと漠然としたものが、姿を現し、より考えやすくなっていきます。

また、**後日、アイディアをメモしたページを見返すことで、その種を育てていくことができます**。この商品やサービスのターゲットになるのは、どんな属性なのだろう？　既存の商品やサービスと比べていったい何が違うのだろう？　どんなメリットがあり、消費者に訴えかけるポイントはなんだろう？　そのアイディアを使って、どんなビジネスを展開することができるのだろう？　そんなふうにさまざまな角度から冷静に検討していきます。

思いついたときはおもしろい、斬新だと自画自賛しても、時間が経つにしたがって、そのときの感情が嘘のように、馬鹿げたものに思えることがよくあります。新しい発想が湧いてきたことへの興奮からアイディアを肯定したくなるのです。

そのため時間をおいてから見返し、再考することがとても重要になります。ただし**冷静に分析することは必要ですが、粗探しをしたり、否定的な目で見ることは避けたほうがいい**でしょう。

なぜならアイディアの悪い面や課題に目を向けすぎると、発想がそれ以上、広がっていかないからです。生まれたばかりのアイディアは当然、細部を検討したわけではなく、論理的とは言えないことがほとんどです。そのため、斬新さや革新性まで消えてしまいかねません。しかも斬新なアイディアになればなるほど、既存のものとの衝突や軋轢《あつれき》を生むものです。デメリットはすぐに見つかるでしょう。

そして、**アイディアを見返すときには、追記をすることが大切です。アイディアの種を見返し、新たに気がついたことを余白にメモ**していきます。最初に思いついた発想に、後日、熟考した考えを足していくわけです。すると思考に継続性が生まれ、アイディアが少しずつ育っていきます。このときに発展しそうにないアイディアを見つけたら、「×」で消し、以後の見返しでは無視できるようにしておくと、無駄がなくなります。

さらに、この**追記の作業を行うときには、毎回必ずペンの色を変えるのが、大事なポイント**です。最初に黒のペンで書き記したとしたら、次の見返しでは赤いペン、さらに次のタイミングでは青いペンで追記するといった具合に、その都度、色を変化させるわけです。どの色を使うかについては、決まりはないですが、1度目の追記は赤、2度目の追記は青と自分でルールを決めておいたほうが見やすいでしょう。

こうして色を変えながら、追記を繰り返すことで、どれが最初に思いついたアイディアで、そこから発想をどのように発展させていったのかが把握でき、アイディアが育っていく様子を視覚化できます。

自分がどうやって発想を広げていったのかを知ることで、アイディアを練るコツがつかめるようになっていきます。

Note.
02

携帯メモのアイディアをノートに集約させる

5min

アイディアの種を書き留める作業では、すぐに取り出せる携帯メモが重宝します。なぜなら、いつ思いつくか、わからないからです。むしろ、会社でデスクワークをしたり、打ち合わせをしているときよりも、移動中や休憩中など脳がリラックスした状態にあるときのほうが、発想しやすいと言えます。そんなときは、大きなノートでは不便です。通勤電車でつり革につかまっている状態で、カバンからノートを引っ張り出すのは面倒。すぐに出せない可能性が高いでしょう。

そこで活躍するのが、**シャツやスーツの胸ポケットにも収納できるA7サイズやB7サイズの携帯メモ帳**です。しかも、リングタイプやページにミシン目の入っているタイプのものがおすすめです。

なぜなら、**携帯メモにアイディアを記載したら、あとで日頃使っているA4のノートに貼り付ける**ためです。携帯メモはサイズが小さいため、サッと取り出してメモをとるのには便利ですが、見返す作業には不向きです。

思いつきにすぎないアイディアの種を発展させるには、追記が重要だという話をしましたが、そのときにある程度の余白が必要になります。追記は一度ではなく、何度も書き足していくからです。携帯メモでは余白に限りがあるので、ページを切り離して、Ａ４のノートに貼り付けて追記の作業を行います。

ある程度、携帯メモにアイディアの種が溜まったら、普段使用しているＡ４のノートに貼り付けていきます。その際には、**アイディアのテーマやジャンルごとにまとめて貼っていきます。**後日、何についてのメモだったのか忘れてしまわないよう、携帯メモを貼ったページには必ずタイトルを付けます。

プロモーションに関するアイディアなら、例えば「ＰＲ」とタイトル付けをしたり、新サービスを思いついたのなら、「高齢者向け新サービス」などとするわけです。タイトルは具体的であればあるほど、思い出せるのでいいでしょう。

このように携帯メモに書き留めたアイディアをＡ４のノートに集約させることで、発想したアイディアを漏らさず、その発展までスムーズに行えるようになります。メインで使用するＡ４のノートと、携帯メモを、用途によって上手に使い分けましょう。

Note.03 ノートはテーマで分けない。時系列に記入し、一元化する

5min

学生時代の勉強で、数学用、英語用、古文用などノートを学科別に分けていたという人は多いのではないでしょうか？　その名残もあり、社会人になってからも「会議の議事録」「アイディア帳」といった具合にノートを分ける人がいます。

テーマが統一されているため見返しの作業がしやすいというメリットがあるものの、荷物がその分だけ増えたり、目的のノートを探す手間も増え、面倒になるというデメリットも否定できません。

ノートは一冊にまとめ、時系列に記入していくのが、アイディアを練り上げるという面からもおすすめです。ノートを一元化すると、アイディアを育てようと見返したときに、途中で会議の議事録や打ち合わせのメモなど、関係のない話題まで目に入ってきます。実はこうした関連のないテーマを目にすることが、アイディアを育むときに効果を生みます。

斬新なアイディアというのは、往々にして既存のアイディアの新しい組み合わせによって誕

生するからです。誰も考えたことがない未知なるものではなく、発想の転換や思いがけないアイディアの掛け合わせが鍵となるケースが多いのです。

例えば新しい製品の企画を考えるときに、そのことだけを考えていても行き詰まっていきます。しかし、アイディアが浮かぶときには、思いもよらないところから、そのヒントが降ってきます。一見すると関係がないと思える話題がつながった瞬間、ひらめいたと感じるはずです。

そのような体験をするために、**日頃からさまざまな情報をインプットし、記憶に留めておく**ことが欠かせません。ノートはテーマで分けず、時系列でどんどん記入していくことが、その助けになるでしょう。

ただし、ひとつ注意することがあります。それはノートは一元化し、時系列で記入していきますが、**案件やテーマが変わったら、ページを変える**ことです。ページを変えずに続けて記入していくと、どのメモが何に関するものだったのか、把握が困難になってしまいます。打ち合わせで感じた気づきなのか、上司に報告すべき重要事項をメモしたものなのか、瞬時に判断できなくなってしまいます。

最低限の情報整理をしておくために、話題ごとにページを切り替えることが重要です。

Note.
04 「家でも使う」を習慣にしアイディア脳に

5min

デスクに座って、さあアイディアを考えよう。そう意気込んでも、とくに何も浮かんでこないのが、アイディアというものです。そうかと思えば、別の作業をしているときに、ふとひらめくこともあります。とくに散歩をしていたり、お風呂に入っていたり、リラックスした状態のときに、アイディアが湧きやすいと言われています。創作に行き詰まった芸術家や発明家が好んで散歩をするというエピソードを耳にするのも、そのせいかもしれません。

これはリラックスできるような行動をしているときに、分析や判断を司る前頭葉の活動が一時的に低下し、理性による抑制が弱まることで、脳が自由に発想しはじめるからではないかと考えられています。

つまり、アイディアを練るときには、脳をリラックスさせることが、ひとつの鍵になるわけです。そう考えると、会社のデスクで考え事をしているときより、家で過ごしているときのほうが、アイディアが生まれやすいと言えます。

そこで**自宅にいるときも、すぐにメモがとれるような環境を整えておく**ことが大切です。A4のノートだと場所をとり、邪魔だと感じるなら、携帯用のメモ帳を家のあちこちに置き、すぐに使える状態にしておきます。携帯メモにアイディアを残したら、あとでノートに貼っていくわけです。

また、日頃から好奇心旺盛に過ごすことも大切です。例えばテレビで旅行番組を見たら、どんな街なんだろうと詳しく調べてみる。知らなかった風習や歴史を発見し、驚くことがあるかもしれません。雑誌で優れたデザインの商品を見かけたら、製造した会社やデザイナーについて調べてみてもいいでしょう。ほかにどんな作品を手がけているのか？　創作に関するインタビューが見つかるかもしれません。どうしてなんだろう？　なぜそうなったんだろう？　と常に意識を向けることで、次第に発想することが癖や習慣になっていきます。

とくに年齢を重ねると知識や経験が増え、多少のことでは驚かなくなります。ルーティーンでこなすことが増えれば、新しい刺激がどんどんなくなっていきます。それでは常識やルールに縛られ、アイディア力が衰えていきます。

家の中でもメモをとることを習慣にし、さまざまなことに関心を持つようになれば、意識しなくても、新しいことを考えようとするアイディア脳になるはずです。

Note.
05

メモに索引を付けて、アイディアの種を育てる

5min

仕事の合間やプライベートの時間を使って書き溜めたアイディアの種の多くは、思いつきのレベルにすぎないものが多く、そのままで使えるとは限りません。ビジネスプランや企画と呼べるようなレベルになるまで発想を広げて、発展させる必要があります。さまざまな角度からその発想を検証し、ブラッシュアップしていくことで、アイディアの種を育てるという作業を行う必要があるでしょう。

では、具体的にどのような手順を踏めば、より効率的にアイディアの種を花開かせることができるのでしょうか?

第1章32ページで紹介した、情報整理力を覚醒させる頭脳ノートメソッド「インデックスと検索マークで情報の検索性をアップさせる」という手法が、発想やアイディアを練るときにも役立ちます。

アイディアを思いついたら、忘れてしまわないようノートに書き留めしていきますが、ある

程度、それが**溜まったら、索引・インデックスを付けて情報整理します**。見返すときに探しやすくするためです。

携帯用のメモ帳に記していたアイディアは、該当するページを切り取ってメインで使用しているＡ４ノートに貼り付けていきますが、このときについでに索引・インデックスを追加する作業を行いましょう。

続いて、アイディアメモへの索引・インデックスの付け方について考えていきましょう。まず、**いつごろに記載したメモなのか、日付を入れます**。あまりに古いメモの場合、ライバル会社の動向や消費者の嗜好など、その当時と状況が変わってしまっているケースがあります。そのため日付の明記は欠かせません。２０１６年10月10日に記載したメモなら、「１６１０１０」といった具合に記します。

さらに**「企画」や「ネタ」といったタグを付けて、他の業務メモと混同しないようにしておくことも大切です**。加えて、**何に関するアイディアとしてメモをとったのか、明確にしておく**ため「旅行ガイドブック」「新しい保険商品」「携帯用アプリ」「プロモーションの企画」「頭脳ノートメソッド」など、アイディア出しを行ったテーマをキーワードとして追加していきます。

そして最後に「訪日外国人向け」「親子で活用できる」「会社帰りに利用できる」「手が汚れる不満が解消できる」といった具合に、その**アイディアの特徴や優れていると思う点を書き入**

れていきます。

するとと、例えばこんな索引ができあがってきます。

「160815・企画・旅行ガイドブック・訪日外国人向け・生活体験を盛り込む」
「161010・企画・携帯アプリ・親子で活用できる」
「161208・企画・プロモーション企画・会社帰りに利用できる」
「170501・企画・お一人様向け食材・手が汚れる不満が解消できる」

これをメモの最後のページに、索引・インデックスとして記載しておきます。この索引・インデックス作りが、アイディアを練るための第一段階となります。

アイディアの種をメモする↓索引・インデックスを作る。この作業を繰り返していくと、「企画」と名の付いた索引の数が増えていきます。ある程度、まとまった数になったら、第二段階へ進みます。

第二段階では、**「企画」と名付けたアイディアに関する索引・インデックスだけをノートに書き出していきます**。すると、自分がどんなアイディアを出してきたのか、客観的に眺め、見つめ直すことができます。またアイディアを見比べることで、**それぞれの企画の関連性や互い**

に補完できる点が見えてくることがあります。

このアイディア同士はくっつけることができるかもしれない、この特徴は他の企画に生かすことができそうだといった具合です。あるいは自分の発想の特徴も見えてくるため、得意な分野や苦手にしている部分も知ることができるようになっていきます。その点を意識して発想できるようになれば、弱点を強化したり、苦手な点は得意な人に任せてしまうこともできるはずです。

もちろんすべてのアイディアでこうした関連性が見出せるとは限りません。取るに足らないアイディアで、とくに発展性がないものも出てきます。そうなれば気にせず、アイディアの種を捨てていきましょう。めげずにまたアイディア出しを続けていけばいいのです。良くないアイディアに固執してもいいことはありません。

Note. 06 発想が広がる「イメージマップ」を活用する

5min

アイディアの種を発展させるためには、「見返し」や「索引・インデックス付け」が重要だという話をしましたが、「イメージマップ」と呼ばれる手法もあります。これは世界中の企業で採用されている図解を使った発想法です。同様の発想法で「マインドマップ」と呼ばれるものもありますが、両者に大きな違いはないと言えるでしょう。ここではそんな「イメージマップ」を紹介していきます。

次ページの図を見てください。このような中心から放射状に線が伸びていく図を見たことがないでしょうか？　「イメージマップ」では、**考えたいテーマを設定し、それに関連する言葉やイメージを連想ゲームのように次々と書き出していくことで、発想を大きく広げていく**ことができます。

また紙に考えた言葉やイメージを書き出していくため、思考を視覚化できるというメリットがあります。思考を視覚化すると、考えを整理することができ、アイディアの方向性が定まっ

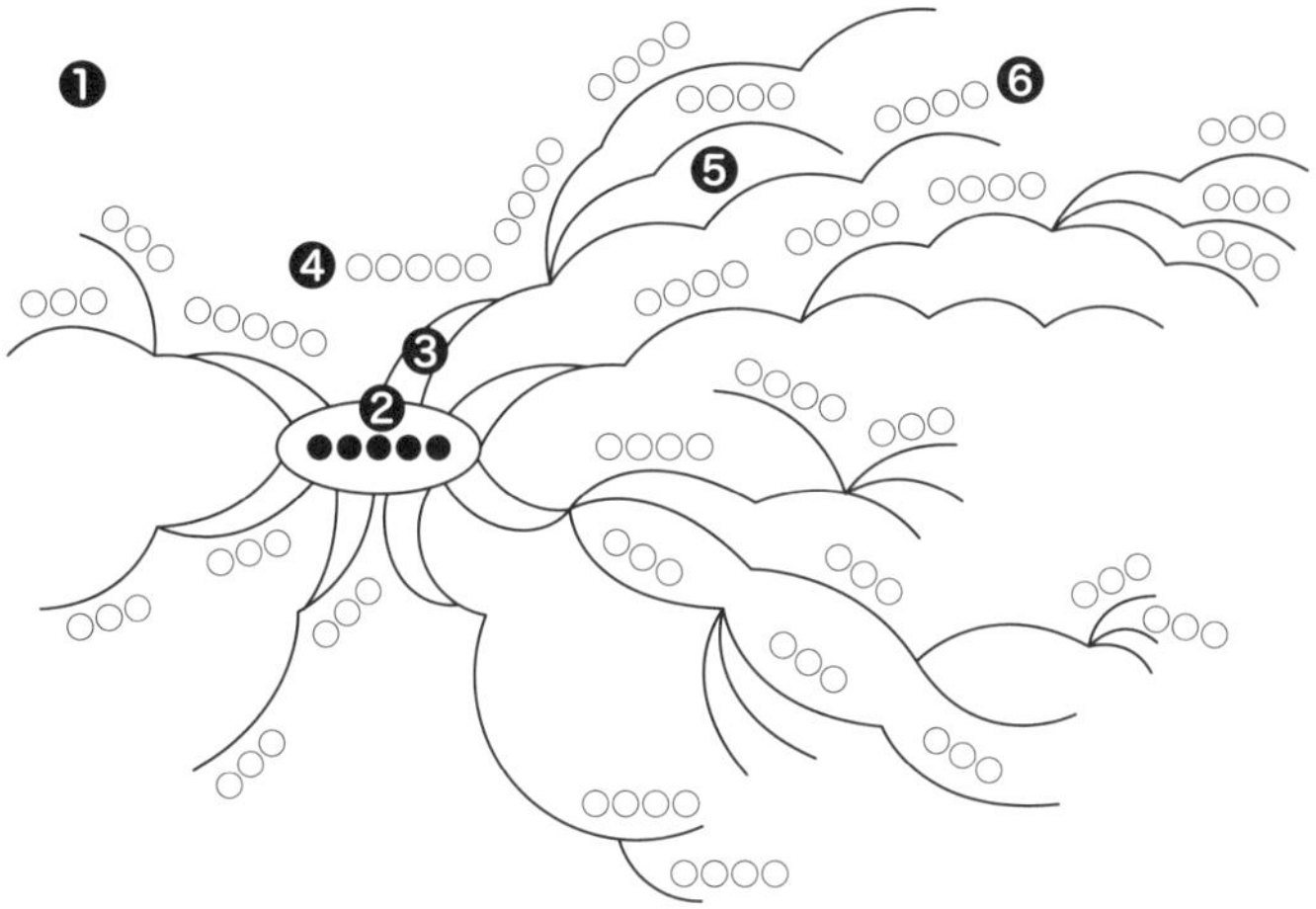

❶ノートは横向きにして片方のページを使用するか、縦向きのまま見開きで使用する。罫線が入っていない無地がベストだが、大学ノートでも可

❷ノートの中央に考えたいテーマを書き出して、その言葉を線で囲む。言葉だけではなく、イラストを描いたり、ペンの色を変えるのもよい

❸中央に書いたテーマから連想した言葉を放射状に書いていく。その際に中央のテーマと連想した言葉を線でつなぐようにする。木の幹から伸びていく枝のようなイメージで

❹テーマから連想した言葉はシンプルで簡潔なほうが、さらにその言葉から連想しやすいのでよい

❺ひとつの言葉を連想したら、さらにその言葉から連想される言葉やイメージを書き出していく。そして、その作業を繰り返し、図をどんどん放射状に広げていく

❻あとから追記するので、できるだけ余白が残るように線や言葉を書いていく

❼ある程度広げて、連想が止まったら、全体を見直して、似たような言葉や発想が似ているもの同士を線で結んでつなげていく。また違う言葉同士も組み合わせてみる

❽似たもの同士をつなげるときには、ペンの色を変えると見やすくなる

❾良いアイディアが浮かばなかったら、途中で連想した言葉を中心に据えて、もう一度、同じ作業を試してみる

ていきます。

イメージマップ作りを効果的に行うためには、大きめ紙が必要になります。イメージマップに使う紙はノートである必要はありませんが、その結果をいつも携帯しておきたいので、本書では普段使っているノートをおすすめします。

Ａ４のノートであれば、横向きにして片方のページを使用するか、あるいは縦向きのまま見開きで使用するといいでしょう。罫線の入っていない無地の紙がベストですが、大学ノートでも構いません。

イメージマップ作りをはじめる際には、まずノートの中央に考えたいテーマを書き出します。例えばビールの新商品企画を考えるとしたら、中央に「ビール」と記します。そして、ビールに関連するイメージや言葉を書き出していきます。このとき、思いついた言葉と中央の「ビール」とを線でつなぐようにします。もし「泡」と言葉を書いたのなら、「ビール」と「泡」を線でつなぎます。

「ビール」から連想する「泡」以外の言葉も同様に「ビール」と結んでいきます。このときに注意したいのは、**否定的な発想は極力避けること**です。できるだけポジティブな発想を心がけることで、よりアイディアが広がっていきます。また、スタートに据えたテーマが「ビールの新商品」なので、あまり「新商品」から離れたキーワードを書いても意味がありません。当たり前すぎる言葉も連想が停滞してしまうので、避けたほうがいいでしょう。

「ビール」からの連想がひと通り終わったら、次は先ほど連想した言葉から同様に連想ゲームを続けていきます。例えば「泡」から「クリーミー」などといった言葉を連想していくわけです。このときも「泡」と「クリーミー」は線で結びます。あまり**考え込まず、浮かんだまま言葉を綴っていく**と、思わぬフレーズが出てくるので、おすすめです。

言葉の連想がある程度、終わったら、今度は**関連する言葉同士をつないでいきます。できればペンの色を変えると、見やすくていい**と思います。関連する言葉を見て、新たな発想が生まれたら、それも余白に書いていきます。ときにはまったく関連性の見えない言葉同士をつないで、その組み合わせから発想できないかも考えます。

余白がある限り、連想は続けていきますが、行き詰まりを感じたら、いったんそこで止めましょう。一度、冷静になり、いまノートに書き出した言葉を俯瞰しながら、考えをまとめていきます。

あまり良いアイディアが出てこないと感じたら、テーマを少し変えて、再度挑戦してみましょう。連想に慣れてくると、よりたくさんのキーワードを出せるようになってくるからです。

Note.
07

「オズボーンのチェックリスト」でアイディアをひねり出す

5min

新規のビジネスアイディアを役員にプレゼンしなければいけないのに、良い案がなかなか浮かばない。クライアントから新しい提案をしてほしいと言われているのに、期限が迫り、焦っている。そんなとき、何とかアイディアをひねり出す方法がないものかと、思うのではないでしょうか?

参加者の自由な発言や意見を促すことで、多彩なアイディアを集めるブレーンストーミング(ブレストと略されたりしますが)という会議法をご存じの方は多いと思います。批判的な意見を出さない、人の意見に便乗しても構わない、自由に発言する、質にこだわらずたくさん発言することを重視するなど、いくつかのルールを設け、5~6人の会議形式で行うアイディア発想法として知られています。

このブレストを考案したのは、アメリカの広告代理店で副社長を務めていたアレックス・F・オズボーンという人物だったと言われています。彼はもうひとつ、アイディアを発想する

オズボーンのチェックリスト

1	他に使い道はないか？ 転用（Put to other uses）	そのままで新しい使い道は？ 改善、改良して使い道は？
2	他からアイディアが借りられないか？ 応用（Adapt）	他にこれに似たものはないか？ 何か他のアイディアを示唆していないか？ 真似できないか？
3	変えてみたらどうか？ 変更（Modify）	意味、色、動き、音、匂い、様式、型などを変えられないか？
4	大きくしてみたらどうか？ 拡大（Magnify）	より大きく、強く、高く、長く、厚く 時間は、頻度は、付加価値は、材料は？
5	小さくしてみたらどうか？ 縮小（Minify）	より小さく、軽く、低く、短く 何か減らせないか？ 省略できないか？
6	他のものでは代用できないか？ 代用（Substitute）	何かで代用できないか？ 他の素材は？ 他のアプローチは？
7	入れ替えてみたらどうか？ 置換（Rearrange）	要素を取り替えたら？ 他のレイアウトは？ 他の順序は？
8	逆にしてみたらどうか？ 逆転（Reverse）	後ろ向きにしたら？ 上下、左右をひっくり返したら？ 順序を反対にしたら？
9	組み合わせてみたらどうか？ 結合（Combine）	合体したら？ 混ぜてみたら？ ユニット、目的を組み合わせたら？

方法を編み出しました。

それが「オズボーンのチェックリスト」と呼ばれているものです。オズボーン氏は自著の中で数多くの発想法を提案していましたが、現在はその中から第三者が抜粋した９つのリストが有名になり、「オズボーンのチェックリスト」という名称で認知されています。ここでは、それを紹介したいと思います。

「オズボーンのチェックリスト」では、９つの視点で課題を考察し、半ば強制的に新しいアイディアを生み出します。簡単に実践できる点や、いままで発想しなかったアイディアが浮かびやすいという特徴があり、評価されています。

まずはチェックリストを用いずに、アイディアが出尽くすまで、一度、頭をひねって考えてみます。ノートに課題となるテーマを書いてから、思いつくまま、アイディアを記していきましょう。もう出ないと思ったら、チェックリストの出番です。

チェックリストには９つの項目があり、課題をその項目に書かれた視点で考察していきます。

ひとつ目は「**転用（Put to other uses）**」です。転用とは「ほかに使い道はないか？」という視点です。そのままの機能やサービスで他の分野に転用できないか検討したり、改善や改良をすることで使い道が広がらないか考えてみます。

例えば、コップを花瓶として売り出す、余ったお米を米粉として販売するといったアイディアが転用になります。

2つ目が「**応用（Adapt）**」です。他のものからアイディアを借りてくることができないか、検討します。ジャンルは異なりますが、似たような機能・特徴を持った商品から真似できる点はないか、あるいは過去に同様の機能や特徴を持った商品がなかったかリサーチしてみるのもいいでしょう。

応用では自然界にあるモノを観察して製品開発に生かす例があります。例えば、マジックテープという名称で一般には知られている「面ファスナー」は、スイスのジョルジュ・デ・メストラルという人物が、アルプス登山の際に自分の服や愛犬に貼り付いた野生ゴボウの実の構造をヒントに発明したと言われています。実の表面にある曲がった毛先が、衣類に引っかかる様子を見て、それを応用したわけです。

3つ目が「**変更（Modify）**」です。意味や色、動き、音、匂い、様式、そして型などを変更するといったいどうなるのか検証します。変更することで何か違いが出るのかを見極めていきます。

4つ目は「**拡大（Magnify）**」です。より大きく、強く、高く、長く、そして厚くすることで、どうなるか検証します。また、時間や使用する頻度を増やしてみたら、どうなるかも検討していきます。

5つ目は「**縮小（Minify）**」です。拡大と反対の作業になりますが、より小さく、軽く、低く、短くすることで、新しい価値が生まれないか検証していきます。たくさん機能が搭載されている商品なら、いくつか減らしたり、あるいは省略することで新しい価値が生まれないか、そんな点も考慮していきます。

家電を例に考えてみると、理解しやすいと思います。多機能の製品は便利ではありますが、複雑になりすぎると、操作するのも難しくなり、消費者が使いこなせないという問題が出てきます。また価格もその分、高くなりがちです。そこで機能を絞ったシンプルな製品を低価格で販売するといった発想が生まれてきます。これが縮小という視点です。

6つ目は「**代用（Substitute）**」です。成分や素材、物や材料、人、あるいは製法や動力、アプローチの仕方など、他の何かで代用できないかを考えます。

米粉でパンを作ることができるホームベーカリー家電がヒットしましたが、小麦で作ることが常識だったパンの材料を米粉で代用することで、製品の誕生に至ったことになります。

7つ目は、「**置換（Rearrange）**」。要素を取り替えたらどうなるのか？　他のレイアウトにしてみたら、どうなるのか？　左右を逆にしてみたり、他の順序にできないか検証します。原因と結果を入れ替えたり、パターンやスケジュールを入れ替えたり、さまざまな角度から置換を試みます。

8つ目は、「**逆転（Reverse）**」です。後ろ向きにしてみる、上下左右をひっくり返してみる、順序を反対にしてみるなど、逆にすることで視点を変えます。

最後の9つ目は、「**結合（Combine）**」です。合体させてみたらどうなるのか？　混ぜてみたら？　あるいはユニットや目的を組み合わせたら、どうなるのか？　構成要素や目的、アピールポイント、考えなどが結合できないか検証していきます。

この9つの視点で課題を検証し、ノートにアイディアを書き出していきます。とくに役立ちそうなものがあれば、ピックアップし、さらにアイディアを深めていきます。また出てきたアイディアの中で、他のものと組み合わせられそうなものがあれば、ひとくくりにしていきます。そしてブラッシュアップを重ねていくと、かなりの確率でアイディアをひねり出すことができます。

ただし、この**オズボーンのチェックリストを活用するためには、事前の準備が欠かせません**。課題となる商品やサービスがどんなものなのか、知識がなければ、9つの視点でアイディアを深めることができません。どんな素材でできているのか？　構造はどうなっているのか？　どこに特徴があるのか？　きちんと課題と向き合い、事前に調べ上げておかなければ、チェックリストに挑戦しても、大した成果をあげることはできないでしょう。

その半面、適切に活用すれば、アイディアをひねり出すことが可能です。やみくもに考えていても時間だけ経過してしまい、非効率です。**チェックリストの視点を一つひとつ確認することで、手薄だったポイントが見えてきます。自分では意識しなかった視点を再度、重点的に考えてみることで、よりアイディアが出やすくなる**はずです。見返しやイメージマップなど他の発想法と併用しながら、ぜひ試してみましょう。

オズボーンのチェックリストは9つの項目ですが、これを改良した「SCAMPER」という質問リストも有名です。SCAMPERという名称は7つの質問の頭文字からとっているのですが、「Substitute（入れ替える）」「Combine（結合する）」「Adapt（適応させる）」「Modify（修正する）」「Put to other uses（使い道を変える）」「Eliminate（取り除く）」「Rearrange（並び替える）」の7つになります。

オズボーンのチェックリストの9項目を常にノートにメモしておき、必要なときにすぐ取り出せるようにしておくと便利ですが、SCAMPERならとくにメモをしておかなくても、覚えることができると思います。チェックリストがわからなくなってしまったときには、SCAMPERを活用してみてはいかがでしょう？

Note.
08

「アイディアマラソン」で発想を習慣にする

5min

ソフトバンクの孫正義社長は、若かりしころ、現状に満足できず、夢を追いかけて16歳で単身、アメリカに渡ったそうです。将来、こんな人物になりたいと夢見ていたあるべき自分の理想の姿と、くすぶっていた現状の自分が凄まじく乖離していたのでしょう。だから、理想に近づくためにアメリカに渡って勉強したいという衝動を抑えられなかったのだと思います。

アメリカでは親からの仕送りを頼りに生活していた孫社長ですが、いつまでも仕送りに頼るのが申し訳なく感じたのか、アルバイトをすることを計画したと言います。しかし、アメリカにやってきた一番の目的は勉強することでした。そのため起きている時間の99％は、勉強に充てたいと考えていたそうです。残りの1％を使って、どうにかお金儲けができないかと考え「1日5分だけ仕事をして、月に100万円の稼ぎになるものはないか？」と友だちに聞いて回ったそうです。そんな都合の良い話があるわけがなく、友だちにはバカにされるだけだったと自著の中で回想しています。

そこで孫社長がとった行動が、発明することでした。目覚まし時計を1日5分間だけセットして、毎日ひとつ発明することにチャレンジし、1年間で250ほど特許を出せるレベルのアイディアを生み出したと言われています。そのときの特許料などで、日本に帰国後、会社を設立しました。

孫社長はアイディアを出すことを習慣化することで、自ら発想力を養ってきたわけです。このように**最低でも1日ひとつアイディアを出すことを習慣化する行動を「アイディアマラソン」**と呼びます。

方法はそれほど難しくはありません。まず1日ひとつというノルマを設定して、どんな些細なことでも構わないので、思いついたことを必ずメモするよう心がけます。

メモする際にいくつかルールがありますが、それはあとで情報をまとめやすくするための工夫にすぎません。

まずは日付を記入します。いつごろ、発想したアイディアなのか、記しておくことは重要です。それから、索引を作るために、アイディアのカテゴリーを書いておきます。「新製品」「新サービス」といった大きなカテゴリーでも構いませんし、「ショッピング」「趣味」「旅行」「独身」「アプリ」といったアイディアの方向性がわかる分類でも構いません。どんなアイディアなのか、のちのち整理して、発想を膨らませるためにも欠かせません。

あとは**思いつくままアイディアの特徴や概要を箇条書きにしていきます**。ただでさえ、毎日ひとつとノルマがあるのに、記入する方法までルールで縛りすぎると、すぐに挫折してしまいます。できるだけスピーディにメモをとる作業は終わらせましょう。

新しいデザインやイメージを思いつき、言葉にしにくいのなら、図やイラストを使っても構いません。

なかなか良いアイディアが思い浮かばなくても、とにかく毎日続けることができれば、次第に自信がついてきます。まずは休みなく考えることを習慣化して、質より量を出すことが大切です。習慣としてアイディア出しができるようになってから、徐々に質を追い求めていけばいいでしょう。

また、**思いついたアイディアはときどき他人に話して、反応をうかがってみることも大切**です。自分では取るに足らない発想だと思っているようなことでも、面白いと感じる人がいるかもしれません。意見や感想をもらうことで、意外な視点に気がつくこともあります。意見や感想ももちろんメモしておきます。あるいは、披露したアイディアを聞いた知人が、その分野に詳しい人や協力者を紹介してくれることもあります。そして何よりも、毎日ひとつアイディアを出している努力は、必ず評価されるはずです。まずは続けること。それが肝心です。

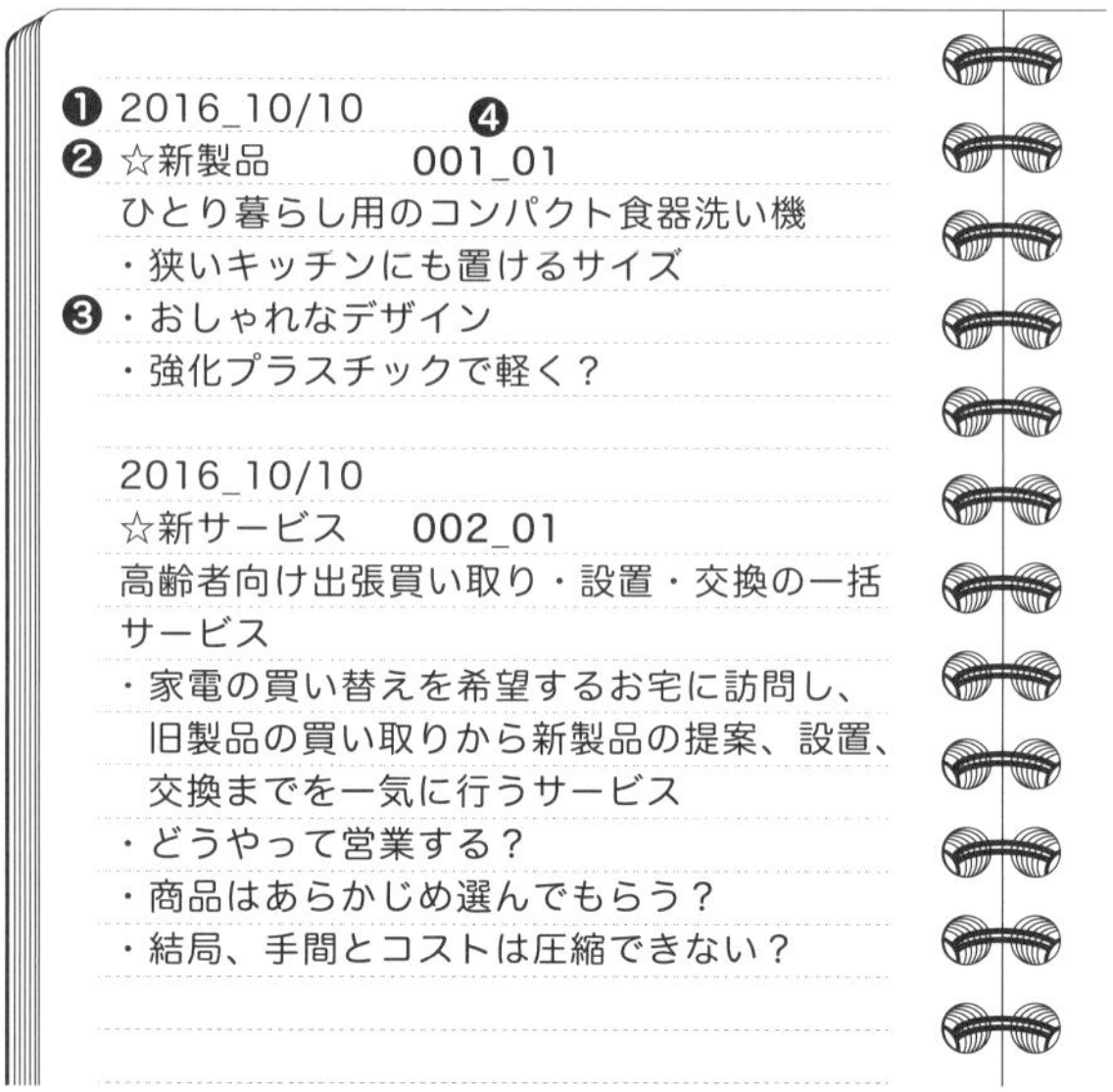

❶アイディアを記録するときには、まず最初に日付を記入する

❷あとで整理がしやすいように、アイディアの分類をする。「新製品」「新サービス」といった大きなカテゴリーでも構わないし、「ショッピング」「趣味」「旅行」「独身」といったアイディアの方向性がわかる分類でも構わない

❸思いついた内容は簡潔に記録する。特徴がよくわかるようにポイントを短いセンテンスで

❹アイディアをどれくらい考えたのか、数字でわかるよう記載しておくと、励みになる。またカテゴリーごとにナンバリングしておくと、どのジャンルのアイディアが多いのか、すぐに知ることができる

❺どんな稚拙なアイディアでも構わないので、1日に1個は必ず記載するよう習慣づける

❻デザインやビジュアル先行でアイディアが浮かんだら、図やイラストにして記録しておくと、あとで読み返したときにもわかりやすいし、印象にも残る

第5章
直観を磨く

～直観はただの思いつきではない。
経験が導く最適解である

何が正解なのか瞬時にわかる。そんな直観力を手に入れることはできるのか？

売り上げが落ちているのは、何が原因なのだろう。広告宣伝が悪いのか、商品が飽きられてきたのか？　それともライバル企業が発売した新商品に押されているのか？　陳列棚など売り場に問題があるのかもしれません。

状況が複雑でいったいどう行動すればいいのかわからない。仕事をしていると、ときどき判断に困るような難しい局面に直面することがあります。

そんなとき上司や先輩に相談すると、パッと瞬時に正解を答えてくれることがないでしょうか？　こちらが散々考えてもわからなかったのに、どうしてすぐに答えが出せるのか、不思議でなりません。

しかも、行き当たりばったりの発想ではなく、理にかなったものである場合が多いと言えるでしょう。

このように瞬時に決断が下せると、仕事が早く進み、非常に効率的です。ぜひ磨きたいスキル・能力ですが、どうすれば、こうした直観的な判断力を磨くことができるのでしょうか？

本章では、将棋のエキスパートたちが膨大な選択肢の中から、瞬時に指し手を見出すメカニズムを紹介しながら、直観の仕組みや効率的にその能力を伸ばしていく方法について解説していきます。

棋士たちは将棋に関して、素人にはとても理解できないような超人的な能力を発揮します。しかし、彼らも生まれながらにして、鋭い直観力を持っていたわけではありません。また分野が変われば、その直観力も効果を発揮できません。長きにわたる学習と鍛錬によって、培った能力なのです。

ということは、私たちがある分野において、鋭い直観を働かせることは不可能ではありません。仕事ができる人と同じように、瞬時に判断が下せる直観力は鍛錬次第で手に入れることができるわけです。

そんな直観のメカニズムの紹介とともに、その習得と鍛錬に役立つノートメソッドを掲載しています。仕事が圧倒的に早くなる直観力を磨いていきましょう。

直観を磨く
～直観はただの思いつきではない。経験が導く最適解である

最新の脳科学で判明した脳と直観の関係、そしてノートメソッドとは？

経験を積み重ねていくと、何か課題やトラブルに直面したときに、次にどのように行動すべきなのか、瞬時に思いつき、対応できることがあります。熟考しなくても、選択肢がひらめくのです。もちろんただの思いつきではなく、熟考しても同じ結論にたどり着くような選択が導き出されます。こうした直観・ひらめきは、どのようなメカニズムで起こっているのでしょうか？

限られた持ち時間の中で直観を駆使しながら対戦する、将棋のプロ棋士を対象にした研究があります。プロの棋士たちは局面を見ると瞬時にその状況や形勢を判断することができ、また戦略的に重要な指し手がわかるそうです。

将棋ではひとつの局面につき約80通りの指し手があると言われています。さらに、一手先、二手先と先の展開まで考慮して選択しようとすれば、指し手の数は膨大になっていきます。

ちなみに計算能力に優れたコンピュータ将棋は多くの場合、そんな膨大な計算を行って、指し手を決めています。全幅探索と呼ばれる手法ですが、あるプログラムの登場でさらに進化を

遂げることになりました。2006年の世界コンピュータ将棋選手権大会で優勝した「ボナンザ」という有名なコンピュータ将棋プログラムです。圧倒的な演算能力を誇る高性能なワークステーション型の将棋プログラムが多数を占めるなかで、同大会に初出場したボナンザは処理能力で劣る一般向けのノートパソコンに組み込まれていました。しかも誰でも入手可能なフリーウェアをベースに開発されたプログラムでした。

ボナンザは約6万局の棋譜データから、評価関数のパラメータを自動生成していたことで知られています。評価関数とは、局面の状態を評価して、それを数値に変換した関数のことです。コンピュータが効果的な指し手を選ぶ際の重要な判断材料になります。

棋士も局面の分析を行っていますが、人間の能力には限界があり、そこまで膨大な可能性を探ることは不可能です。指し手の検証では圧倒的に人間は不利ですが、コンピュータ将棋プログラムとプロ棋士との対戦では、長年、人間に軍配があがっていました。

また、評価関数を使って指し手を割り出すコンピュータ将棋は、数手先まで考えてから、いま指すべき手を導き出すと言えます。反対に棋士の場合には、まず指し手を瞬時に思いつき、その指し手が適切なのか、熟考していきます。つまり思考の順序がまったく反対だという点も興味深いところです。

では、棋士はどうやって瞬時に、しかも効果的な指し手を導き出しているのでしょう？　彼らは、少数の重要な駒に着目して局面を分析していることがわかっています。駒配置の記憶実験というものがあります。プロ棋士に駒が配置された局面を提示して、5秒間でそれを記憶してもらうのですが、彼らはすべてを記憶できない場合には、特定の駒に着目していることがわかりました。

まずは王と飛車です。将棋は王を取り合うゲームですから、これらの駒は将棋における全体的な作戦を決めることになります。次に着目していたのが、角と銀でした。角と銀は具体的な作戦を決めるのに役立つ駒として知られています。彼らは王と飛車、そして角と銀の配置に優先して着目することで、局面を素早く理解していたのです。ちなみに多くの教則本では、銀よりも金の優先度が高くなっていました。

プロ棋士の脳は将棋の局面に0・2秒で反応する

続いて、もうひとつ実験が行われました。プロ棋士に理解可能な局面を提示してから脳が反応するまでの時間を、脳波計を使って計測したのです。この実験では「定跡形」と呼ばれる意味のある局面と、デタラメに並べた局面が使用されました。定跡形を見たプロ棋士は平均0・

2秒でθ波と呼ばれる脳波が前頭部を中心に計測されたと言います。同様に定跡形を見たアマチュア初段は平均して0・3秒でθ波が計測されました。約1・5倍の速度でプロ棋士が反応したことになります。なお、0・2秒という反応速度自体は、脳の活動ではとりわけ速いわけではなく、例えば顔写真を見て、それが知っている人かどうか判断するときにも、およそ0・17秒で反応すると言われています。

また、アマチュア初段はデタラメの局面を見ても、定跡形を見ても、脳波に違いがなかったのに対して、プロ棋士はデタラメの局面にまったく反応しませんでした。つまり両者を瞬時に区別できているわけです。

どうして、そのような瞬時の判断が可能なのでしょうか？　それは膨大な対局や学習を通じて、瞬時に違いを見抜く判断力が高められたからだと考えられています。対局に関する知識がなければ、判断できないということになります。

さらに、プロの棋士は展開を考えながら、対局していると言われています。お互いに、こういう流れにもっていきたいといったストーリーがあり、その流れにしたがって、指し手を選んでいます。もちろん、ストーリーや指し手は複数の候補があるため、多くの手を考える必要はありますが、その流れに乗っている限りは、ある程度、指し手の候補が絞られるわけです。相手が自分の予想とは異なる手を指してきたときには、その意味を理解するために熟考することになります。

このほか、将棋の局面やそれ以外の図形をプロ棋士やアマチュア四段、アマチュア初段以下に短時間提示して、脳のどの部位で局面を理解しているのか探る実験も行われましたが、頭頂葉楔前部《けつぜんぶ》後部と呼ばれる部位が反応することがわかっています。しかも、プロ棋士は序盤と終盤に、アマチュア四段は序盤だけに反応が見られ、アマチュア初段以下になると、まったく反応が見られませんでした。

シュートする前の腕の角度で。プロは目の付けどころが違う

バスケットボールプレイヤーが協力した、認知機能に関するこんな実験があります。バスケットボールのシュートを打ち、どの段階でシュートが成功すると思ったのか、判断基準を調べた調査です。参加したのはプロのプレイヤーと、監督やコーチなどプレイを見るプロ、そして、素人でした。

ボールを手からリリースされ、ゴールに向かいはじめると、軌道が見えてきます。素人やコーチなども、そのタイミングで入るかどうかの判断ができるようになります。

対するプロのプレイヤーは、もっと前に判断を下すことができます。手からボールが離れる前、つまりまだボールを持っている段階で、入るかどうかの判断ができるのです。ボールをリリースするときの腕の角度が、入るときと入らないときとでは異なることを、経験則で理解しているためだと考えられます。何度も練習を繰り返すことで、ボールが入るときの体の動きを学習しているわけです。したがって試合などでは、入らないと感じたら、リバウンドを取りに行くなど、瞬時に次の行動をとる体勢になります。スポーツにおいて相手より先に動けることは大きなアドバンテージになり、非常に重要です。

こうした熟練者の直観的な能力はどうすれば習得できるのか、強化法に関する研究もたくさんあります。以前は、生まれつきの才能が最も記録や到達点に関連すると考えられていましたが、多くのスポーツで記録は毎年のように更新されていきます。シューズなどの器具が進化したという点もありますが、トレーニングの質が影響しているのではないかと考えられるようになっていきました。

心理学者のアンダース・エリクソン氏は、チェスの実力とトレーニングの相関関係について、エキスパートを対象に調査しています。

①チェスのトーナメントに参加して真剣勝負をする、②練習対局や初心者に指導を行うなど、リラックスした状態でチェスをする、③チェスの局面分析をひとりで集中して行う、という3

種類のトレーニング時間とチェスの技量（レーティング）との関係性を調べたのです。すると①には相関関係がなく、②には負の相関性があり、そして③には正の相関関係があったそうです。つまり③のひとり勉強が最も効果的で、②では実力が落ちるという結果になったわけです。また体操やバレエ、フィギュアスケートなどでも同様に、ひとりで集中してトレーニングを行った時間と技量に正の傾向が見られたと言います。

この結果から、エキスパートになるまで能力を高めるには、ひとりで集中して考える作業が最も効果的だとわかります。ひとりで練習をするときには、その目的を明確にし、集中してトレーニングしているため、本番で直観的に行動できる技術が身につきます。

プロになるためには1日3時間の集中した学習を10年続ける必要がある

そのほかサイモンとエリクソンの10年修行の法則という調査結果も知られています。この調査によると、ほとんどの分野で国際的に通用するレベルのプロになるためには、誰でも1日3時間の練習を10年以上毎日集中して続けることです。もちろんどんな練習をするのか、どんなコーチのもとで練習をするのかによって、プロで活躍できるか否かは変わると思いますが、スタートラインには誰でも立てることになります。

例えば、ピアノであれば、５日間も特訓すれば、特定のフレーズが弾けるようになるまで上達すると言われています。脳には、それだけの柔軟性があるというわけです。ただし、特訓によって新しくできた神経回路をプロレベルにまで強化しようとすると、１日３時間の練習を10年以上毎日集中して行う必要があるということになります。

これらの研究結果から、エキスパートを目指さなかったとしても、私たちが何らかの能力を高めたいときに行う学習の法則が見えてきます。例えば仕事で使うためにビジネス英語を習得したいなら、その日の勉強で克服すべきことは何かなど、トレーニングの目標を明確にして毎日集中して自主学習を続けることが重要ということになります。能力にかかわらず10年間続ければエキスパート級になれるわけですから、自分は英語学習に向いていないと自虐的になることはありません。

好きこそ物の上手なれと言いますが、続ける工夫や努力をしていけば確実に能力は伸ばせるわけです。しかも、必要なのは自主学習です。ノートにメモをとり、何度も復習することがとても大事だということです。

Note.
01

情報を捨てる決断を瞬時に行いながらメモをとる

5min

アイディアを発想したり、業務に関する気づきなどをメモしておくときには、どんな些細なことでも記載するのが鉄則です。あとから不要だと思ったメモは消去すればいいだけの話です。また、アイディアは何が価値を持つのか、その場では判断できないこともよくあります。それ自体には価値がなくても、他の発想を促したり、記憶を呼び起こすきっかけになることもあります。

しかし、すべてをメモすることができないケースがあります。例えば会議の議事録をとる場合や講演会のメモをとるときなどです。皆が次々と話す状況で、一言一句もらさずにメモをとることは不可能です。また講演者の話もすべて網羅しようとすると、メモをするスピードが追いつきません。

むしろ細かい言い回しやちょっとした雑談にまで意識が向いてしまうと、メモのスピードが鈍り、重要なことを書き漏らしてしまいます。

そこで、**話を聞きながら、メモをとるべき話題なのか、そうではないのか、瞬時に判断していく**ことが必要になります。とくに捨てる決断に意識を向けることが大切です。

文章のように推敲《すいこう》されたものとは違い、会話や人の話というのは無駄な言葉がたくさん詰まっています。相槌や接続詞など余分な言葉を取り去ると、核となる重要な情報の量は、思ったより多くありません。内容を繰り返したり、冗長な表現もあります。

試しに一度、議事録をレコーダーなどで記録して、文字起こしをしてみると理解できると思います。余計な部分をそぎ落としてみると、情報が少ないことに気づくはずです。

したがって、聞いている話の大部分はメモのいらない情報だということになります。それを聞き流しつつ、メモすべきところをいかにしてキャッチするかの判断が求められます。

何が不要なのか、判断する力を鍛えるためには、回数をこなすしかありません。経験則で判断することになります。そのため、もし会議で議事録をとる必要があったとしたら、積極的に行い、数をこなせば、次第に磨かれていくはずです。

自分は書記役なんてやりたくないと思うかもしれませんが、瞬時に判断し、決断を下す能力は、ビジネスの他のシーンでも活用できます。情報を捨てるトレーニングはそのいい鍛錬になると思います。

Note. 02 不要になったページは捨ててノートをスリムに

5min

本書の頭脳ノートメソッドでは、アイディアの種をいつでも収集できるように携帯用のメモ帳を併用しますが、基本的にはA４サイズのノートをメインに情報を一元化することをおすすめしています。

業務の重要事項を記録するメモ帳として、新しいプランを生み出すアイディア帳として、そして仕事もプライベートも管理するスケジュール帳としてなど、多彩な顔を持つノートとして使います。

そのため必然的にメモの量が増えていきます。索引・インデックスを付けたり、目的の情報にアクセスするテクニックで検索しやすくする工夫を施しますが、それでも情報量が多くなってしまうのが、ネックです。慣れないうちはどこにメモしたのか、混乱してしまう人がいるかもしれません。それは避けられません。

そこで**溜まった情報をスリム化するために、覚えてしまった情報や、もう使わない予定など、**

不要になったページを、どんどん捨てていきます。

表も裏も全部不要になったページがあれば、切り捨ててしまって構いません。もしページの半分だけが不要になったとしたら、そこだけをハサミなどで切り取ってしまっても大丈夫です。**裏のページにまだ記憶していない重要事項があるのなら「×」で消して、目に入らないようにします。**

学生時代に、英単語を覚えるために使ったリング状の単語帳を思い出してください。覚えなければいけない英単語を書き、一枚一枚めくって暗記したと思います。すでに覚えてしまった単語が増えてきたら、めくる際に邪魔になっていきます。数枚であれば気になりませんが、不要なページが増えてくると、リングから外して使用することになります。もしくは不要な単語を捨て、新しいものを追加するはずです。それと同じ要領です。

不要になったページを捨てて、**ノートをスリムにすれば、覚える総量が減り、見返しの作業も楽になります。**

少しでもスピーディに行動できるよう、ときどきノート全体を見返して、捨ててしまえるページがないか確認することをおすすめします。そして不要なページを発見したら、大胆に捨ててしまいましょう。

Note.03 二度と復習しない箇所は「×」で消してしまう

5min

不要になった箇所を一部だけハサミで切り取ったり、ページそのものを捨ててしまうことで、ノートをスリムにする。そして、メモを見返すときの時間と労力を少なくする。そんな直観的な思考メソッドを紹介しましたが、この方法のデメリットは、思いのほか作業に時間と手間がかかってしまう点にあるでしょう。常に手元にハサミがあるとは限りませんし、かといって手で破るとノートがみすぼらしくなってしまいます。そもそもノートを切ることに抵抗を感じる人もいます。

そこでおすすめなのが、**二度と見返さないと判断した記述に、大きく「×」を書いていく**方法です。これなら、サッと時間をかけずに、実践することができます。

メモをとったら、業務の合間の時間を見つけて「見返し」を行うことが重要ですが、このとき過去に記録したメモも一緒に振り返っていきます。重要事項や、うっかり忘れている作業がないかを再確認したり、あるいはアイディアの種が企画に発展するように、メモを見ながら頭をひねります。

そんな見返しの最中に、記憶した記述や、日にちが過ぎてすでに不要になった情報を目にしたら、そのメモの上に大きく「×」を書いていきます。

これで再度、見返しを行ったときには、そこを飛ばして、作業を進めていくことができます。「×」が目に入ったら、そこはもう済んだ箇所だと認識して、無視していくわけです。**大きく「×」で消してあれば、不要な情報だと瞬時に判断することができます。**目立つように太めのペンを使うといいと思います。

「×」を付けた記述は単に不要になった情報ではなく、理解し、仕事の糧として習得したものです。そのため少しずつ**「×」のページが増えていくことで、自分はきちんと仕事をしているのだという、達成感を感じることができます。**パラパラと眺めているだけで自信も付いてくるのではないでしょうか。

さらに、この方法の良いところは、本当はまだ必要なメモだったのに誤って消してしまった場合、完全に見えなくなることはないため、その情報を復活させることができる点です。新たなページに書き写せば、問題ないでしょう。

Note.
04

1日の目標は2つに絞り集中力を持続させる

5min

1日の予定は「ＴｏＤｏリスト」を作成し、作業にかかるカロリーや優先度を考えながら立てていきます。そのとき、「どうしても今日はこれを達成したい」といった**1日の目標を設定すると、モチベーションが上がります**。その際には、必ず目標を2つ立てるようにしましょう。

ひとつだけ目標を立てた場合は、もしそれが終わらなかったら、言い訳もできません。ただ作業が終わらなかった、要領が悪かったという事実だけが残ります。また3つの目標を立てるとすると、今日達成すべき作業が3つもある状態になります。よくばりすぎだと言えるでしょう。もちろんＴｏＤｏリストに3つ以上の作業を記載するのは問題ありませんが、目標とＴｏＤｏリストはまったくの別物です。

あくまでこなすべき作業を記載するのがＴｏＤｏリストで、アポイントを取る、メールを返信するなど、細かい業務内容にまでレベルを落としてリスト化しています。したがって、目標とは少し性質が違います。目標として掲げるものは、例えば何時までに絶対にプレゼン資料を作り上げる、アイディアを5つ考えるなど、大きな目的がふさわしいでしょう。

そのため目標がひとつでは達成できなかったときにモチベーションが下がります。3つでは達成できない可能性が高くなってしまいます。間を取るわけではありませんが、1日に掲げる目標は2つに絞るのが、現実的です。

こんなメリットもあります。**一方の目標にとりかかり、途中で集中力が切れてしまったら、もう一方の作業にスイッチする**ことができます。目標がひとつならできませんし、3つの場合は、次にどの目標をクリアしようか迷いが生じます。それに人間の脳はマルチタスクが苦手です。たくさんの作業を同時にこなすことができません。目標が2つなら上手に切り替えを行いながら、集中して作業がしやすいわけです。

また2つの目標のうち、ひとつしか達成できなかった場合には、翌日、一方はそのまま継続して作業を行い、ひとつ新しい目標を加えます。常に目標が2つある状態をキープしていきます。

このように、目標を設定するなら2つ掲げることが望ましく、集中力を切らさずに、作業を続けていくことができるはずです。

Note. 05 頭に浮かんだイメージや感覚をそのまま書き出してみる

5min

アイディアを考えなければいけないのに、どうしたらいいのかよくわからない。頭の中で次から次へと言葉が浮かんでくるけれど、そこからどう企画にしていけばいいのか、まったく糸口がつかめないことがあります。とくにアイディア出しに慣れていないときには、苦労することも多いでしょう。そんなときにおすすめなのが、「頭に浮かんだイメージや感覚を、そのまま書き出してみる」というメソッドです。

浮かんでくるイメージや感覚を一度、言葉にして、そのままノートに綴ってみるわけです。言葉にならず、おかしな日本語になってしまっても構いません。わかりやすい言い回しや気の利いた表現も必要ありません。文字通り、浮かんだままを書き記していきます。**考えるのではなく、感じたことを文字にするイメージ**で行います。手を止めて考え込んだりせず、すらすらと書くことを意識しましょう。

ただもちろん、何の話題もなく、書くことは難しいでしょう。そのため、テーマを設定して、

どうしてこんなにも子どもを保育園に預けるのが
難しいんだろう。保育園の数を増やせば
解決するんじゃないかな。

予算がない？　それとも保育士が少ない？
じゃあ、保育士を増やせばいいじゃないか。
でも、むやみに増やしたら、いい加減な保育士が
増えるかもしれない。

そんなところには我が子を預けたくないな。
そもそもやりたい人がいないのか？　子ども好きが
減っている？　確かに大変な仕事だし。

保育園の定員は増やせないのかな。目が届かなくなるか。
スペースも足りないか。

じゃあ、うちの会社の会議室をひとつ潰して、
社員の子どもを一時的に預けられるスペースに
できないのかな？

保育士がいないなら、子育てで休職中の人や、
退職した人に声をかけて、パートで勤務してもらうとか？

資格がないと面倒を見ちゃいけないのかな？
会社で子どもの面倒が見れたら、仕事が終わったら
すぐに連れて帰れるし、便利なのに。
あ、満員電車がNGか。うーん。

それに関するイメージや感覚を綴ります。

例えば、待機児童を解消するためにはどうすればいいか、プランを出すことになったとします。しかし、いままで真剣に待機児童について考えたこともなかったので、どこからどう思考をスタートすればいいのか見当もつきません。そこで湧いてくる疑問なども交えながら、感情をとにかく書いていきます。


「どうして待機児童という問題が発生するのだろう？→自分はどう思うのか？」

「自分に子どもがいたらどんな気持ちになるんだろう？」

「知り合いで困っている人はいなかっただろうか？→何に困っていたのか？」

「解消する方法はないのだろうか？→自分ならどうする？」

「問題点はどこにあるのだろうか？」

「こんなプランはどうだろう？」

「それを実践したら、次にどんな課題があるんだろう？」


このような作業を行うことで、もやもやと頭の中を漂っていた思考がすっきりと霧が晴れたかのように整理されていくのを感じると思います。**イメージや感覚は表に出すことで、リセッ**

トされるのです。

このメソッドは、何か悩み事を抱えているときにも有効です。話すのが苦手で、緊張からプレゼンで失敗してしまう。改善したいけれど、どうすればいいのかわからず、困っているとします。そこでノートにネガティブな感情を思いつくまま吐き出していくことで、気持ちがすっきりします。自分が置かれている立場や、現在の心境が文字になることで、冷静に自己分析できるようにもなるからです。

悩みがあったけれど、気心の知れた人たちとたわいもない話をしているうちに、気分が落ち着くことがあると思います。とくに相談をしたわけではなく、雑談をしていただけなのに、妙にすっきりした気分になります。それと同じことです。

溜まっていた感情を紙に書き出すことで、脳がリセットされ、考えるスピードがアップするわけです。なかなかアイディア作りが先に進まないと感じたら、頭の準備運動のひとつとして、試してみてもいいでしょう。

Note.
06

文字で表現しにくいことは図やイラストに落とし込む

5min

浮かんだイメージや感覚を書き出そうと思ったのに、言葉が出ずに、ノートがなかなか埋まらないことがあります。そんなときは無理に言葉にせず、図やイラストを積極的に使いましょう。むしろ**イラストで表現したほうが、イメージが伝わることもよくあります**。ハートで感情を表現したり、人物のイラストを描いて状況を説明してみたり、あるいは相関図を描いてみたり、より伝わる表現を使ってメモしましょう。

ノートを他人に見せる必要はないので、下手でも構いません。

また図やイラストを使用すると、ノートが賑やかで楽しげになるというメリットもあります。そのため、見返すときにも気分が盛り上がります。気持ちに余裕がなく、振り返りの作業をすることが面倒に感じるときでも、テンションを落とさず、作業に打ち込むことができます。

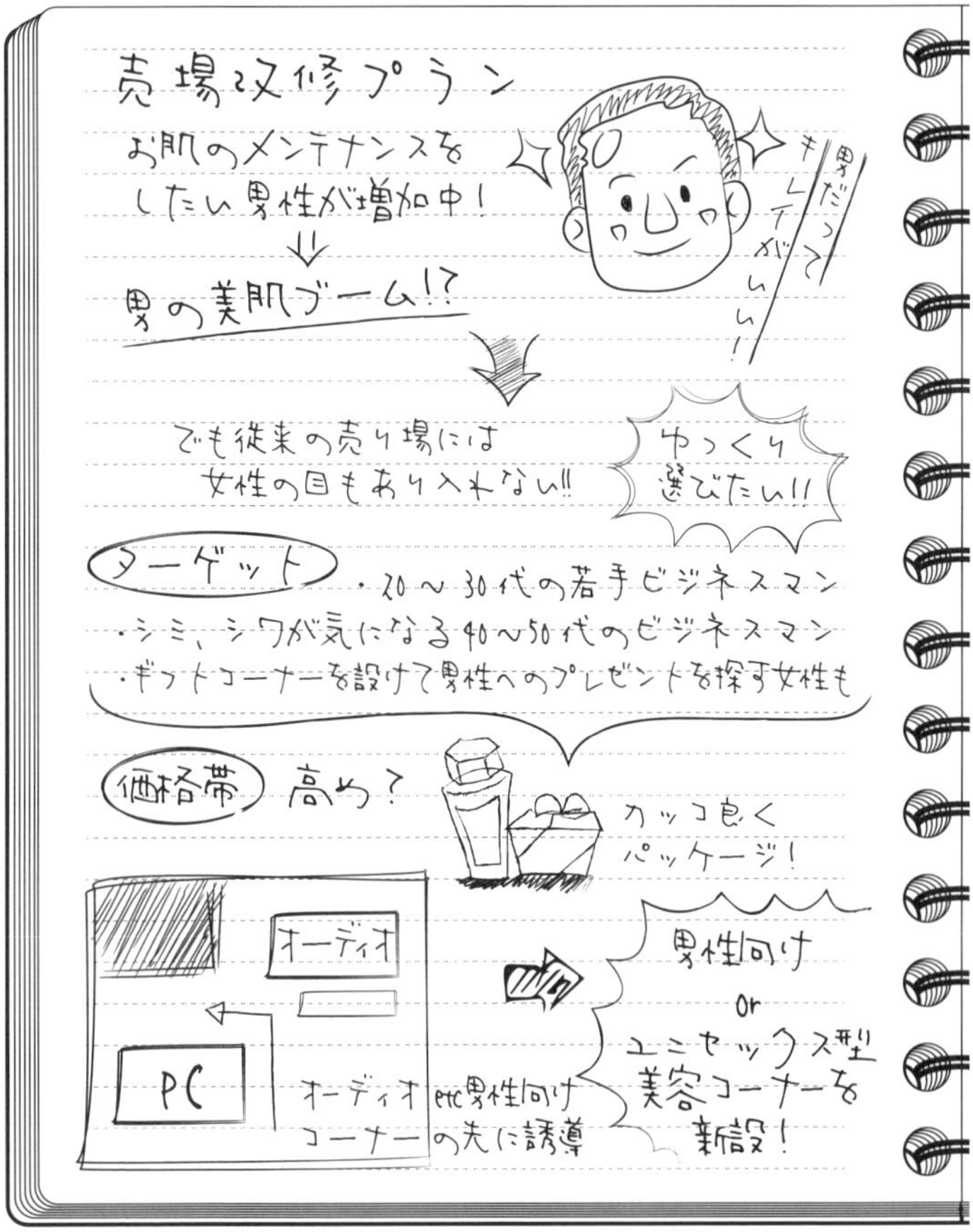

売場改修プラン
お肌のメンテナンスをしたい男性が増加中！
⇓
男の美肌ブーム!?
男だって
キレイがいい!!
でも従来の売り場には女性の目もあり入れない!!
ゆっくり選びたい!!
ターゲット
・20～30代の若手ビジネスマン
・シミ、シワが気になる40～50代のビジネスマン
・ギフトコーナーを設けて男性へのプレゼントを探す女性も
価格帯
高め？
カッコ良くパッケージ！
オーディオ
PC
オーディオetc男性向けコーナーの先に誘導
男性向け
or
ユニセックス型美容コーナーを新設！

Note. 07 難しい漢字はカタカナ表記でスピードアップ

5min

会議で議事録をつけたり、セミナーや講演会に参加してメモをとるときなどは、書くスピードが求められます。一生懸命書いているつもりでも、話すスピードは書くスピードに比べて、圧倒的に速く、すぐに次の話題に進んでしまいます。大事なところだけメモしようと思っていても、追いつかないことがあります。そこで、早くメモを処理するためのテクニックをマスターしておくと便利です。

第1章28ページでは「略語や記号を駆使して、メモのスピードをアップ」という頭脳ノートメソッドを紹介しましたが、**画数の多い漢字や難しい漢字は使わずに、カタカナを使う**という方法もあります。

もちろん、カタカナにしたことによって、かえって文字数が増えてしまったり、スペースを大きくとらなければいけないケースもあります。したがって、どれくらい時間の短縮になるのか、見極めながらカタカナを使います。書くスピードで考えると、難しい漢字を平仮名にするという方法も考えられますが、平仮名では前後の言葉と交じってしまい、かえって見づらくなってしまいます。

例えば「会議」は「議」の画数が多いため「会ギ」と表記します。「報告」も「報」をカタカナにして「ホウ告」と書くといいでしょう。「出張」は「出チョー」、「打ち合わせ」はカタカナよりも略語の「MTG」のほうが手を動かす時間が少なくて済みます。

そのほか人名なども、カタカナにしたほうがいいケースがあります。例えば「斎藤」「遠藤」「渡嘉敷」などはカタカナを選択したほうが無難です。

同様に地名もカタカナにします。「横須賀」「福岡」「鹿児島」「沖縄」などはカタカナ化したほうが速いでしょう。反対に国名などは「アメリカ→米」「フランス→仏」「イギリス→英」などと漢字で表記したほうが、スピードアップできます。

どうすればメモ書きをスピードアップして、効率化できるのか？　それを徹底して考えることで、他の作業に集中する時間が作れます。メモはあくまで記録。そのメモをどのように活用して、仕事に生かすのかが大事だということになります。

どんな漢字をカタカナにすれば効率的になるのか？　自分で試し、ルールを設けて実践しましょう。

Note.
08
〝つまり〟〝なぜなら〟〝もし〟発想が広がる便利な接続詞

5min

メモをとったはいいけれど、情報を生かせない人がいます。ただメモをしただけで満足し、終わっている。それではせっかく収集したアイディアの種が無駄になってしまいます。

そんなとき、**書き込むだけで発想が広がる便利な接続詞**を使うことをおすすめします。〝つまり〟〝なぜなら〟〝実は〟〝もし〟の4種の接続詞です。この接続詞は書き留めたメモに追記すると、それだけで思考を次へと促す効果があります。

4つの接続詞には、それぞれ用途があるので、メモの内容や目的に応じて使い分けていきます。

〝つまり〟は要約の接続詞で、書き出した情報を整理してまとめたいときに使用します。「整理すると」「要するに」という接続詞に置き換えることも可能です。

〝なぜなら〟は展開の接続詞です。理由を深掘りするときに使い、「それで?」や「具体的には?」に置き換えることも可能です。

目的	接続詞
要約	つまり 整理すると 要するに
展開	なぜなら それで？ 具体的には
強調	実は ポイントは？
視点転換	もし

〝実は〟は強調の接続詞になります。こちらは「ポイントは？」という言葉に置き換えて使用することもできます。

そして、〝もし〟は視点を変えて新しいアイディアを出したいときに使える視点転換の接続詞です。

メモをしたけれど、その先に進めない。アイディア出しに行き詰まってしまった。そんなふうに感じたときにはメモした情報やアイディアの種を吟味しながら、接続詞を付けていきます。すると、その**接続詞につられるように、発想が広がっていく**はずです。

〝つまり〟がしっくりこなければ、〝要するに〟に置き換えてみたり、紹介した接続詞を並べて挑戦してみましょう。

Note.
09

3種類の「矢印」を使い分けて関連づける

5min

4つの接続詞とあわせて使いこなしたいのが、3種類の「矢印」というテクニックです。4つの接続詞は、メモした情報に付加すると、自然にアイディアを展開することができる便利な言葉ですが、これに**3種類の「矢印」を加えると、記述が視覚的になります**。そのためとても効果的です。

要約を表す〝つまり〟の接続詞には、細い矢印を使い、論理展開を視覚化しましょう。矢印の先には、〝つまり〟を受けて発想したアイディアを明記していきます。「つまりどういうことなのか?」→「それは○○だから」と思考が促されるわけです。

また、展開の接続詞である〝なぜなら〟には、三角形の大きな矢印を付加していきます。メモした情報をもとに「要するにどういうことなのか?」という要約した事柄が、記載しやすくなります。

強調の接続詞である〝実は〟には、太く塗りつぶした矢印を使います。この矢印を付加する

目 的	接続詞	矢 印
要 約	つまり 整理すると 要するに	⟶
展 開	なぜなら それで？ 具体的には	▶
強 調	実は ポイントは？	➡

ことで、強調する箇所がより目に飛び込んでくるようになります。

3種類の矢印を付加すると、アイディアの発展に役立つだけではなく、**見返した際に思考の流れを視覚的に理解することができるため、理解のスピードアップにつながります**。このときどうやってアイディアを生み出したのか？　そのときは思いつきだったとしても、あとから理論づけすることができます。

また、発想を理論づけできるようになると、それを再現できるようになっていきます。そして、次第にひらめき力が向上し、アイディア出しを行う際に、行き詰まることがなくなっていくでしょう。

第6章

問題を素早く解決する

～意思決定を素早くするには
自ら決断する経験を
積むことが大事

ビジネスは問題解決の連続。その能力を伸ばすためにはどうすればいい？

ビジネスとは問題解決の連続だといっても過言ではありません。お客様からのクレームにどう向き合い、解決していけばいいのか？　新商品をヒットさせるには、どんなプロモーションや広告を打つべきなのか？　パートさんやアルバイトの学生のシフトをうまく調整するのも、マネージャーが頭を悩ませる重要な問題解決です。

そんな日々の業務に関する課題もあれば、会社を辞めたいと相談にやってきた後輩へアドバイスするような事例など、人間関係の改善や心のメンテナンスも立派な問題解決です。

また、課長や部長など、役職に就いている人間だけが問題解決を行っているわけではありません。入社1年目の新人だって、解決すべき問題を抱えて仕事をしています。

そして、解決する問題が大きければ大きいほど、難易度が高ければ高いほど、周囲からの評価は高まっていきます。あの人は仕事ができると認識されていくわけです。

しかし、ひと言で問題解決といっても、さまざまなプロセスがあります。現状を的確に分析し、問題点を把握すること。目標やゴールを設定して、それを解決するための方法を考案すること。そして実行に移し、成功すればナレッジ（知識）として部署や部下に継承していくことも、問題解決の重要な要素です。

どんな仕事に就いていても、またどんな役職・立場であったとしても、働いている以上、問題解決はついて回ります。したがって、誰にとっても必要な能力だと言えるでしょう。

では、こうした問題解決の能力は、どうすれば向上させていくことができるのでしょうか？　ビジネスパーソンにとって、永遠の課題です。

そこで本章では、まず脳がどうやって意思決定し、行動を指示しているのか、そのメカニズムに着目し、紹介していきます。まだ未解明な部分も多いですが、興味深い研究も散見されます。さらに、問題解決のエキスパートたちが提唱してきた「フィッシュボーン」「ロジックツリー」といった、さまざまなノートメソッドも掲載します。問題解決に最適なノートメソッドとは何なのでしょうか？　どうすれば向上させていくことができるのでしょうか？

脳科学とノートメソッドを駆使して、考察していきます。

最新の脳科学で判明した脳と問題解決の関係、そしてノートメソッドとは?

問題を素早く解決する
〜意思決定を素早くするには自ら決断する経験を積むことが大事

課題やトラブルに適切な決断を下す。こちらもビジネスパーソンの大事なスキルです。ただし、脳の意思決定のメカニズムは、行動の結果予測やメリット・デメリットなどの価値判断だけではなく、自身の立場や感情など複雑な要因が絡むため、体系的に語るのは時期尚早です。とくに私たちが日常生活やビジネスの現場で下している意思決定の全容を解明するには、まだ至っていません。そこで脳の意思決定や決断に関して、明らかになっている事例を紹介します。

脳科学の意思決定に関する研究は、視覚刺激の判断からスタートしました。ランダムドットモーションと呼ばれる視覚刺激を使って知覚的な意思決定を調べた実験があります。これはランダムに動く多数の点のうち、一定の割合のものが同じ向きに動いていて、全体としてどちらに動いて見えるか、実験動物のサルに判断させるというものです。同じ向きに動く点が全体の30%程度であれば比較的簡単に判断できるのですが、5%程度になると非常に判断が難しくなると言われています。このとき動く点を知覚している部位として、**MT野という視覚野の特定領域が関わっている**とされています。

MT野がどのように動きの判断に関与しているのかですが、例えばランダムドットモーションが左右どちらに動いているのかを判断するときには、MT野の中にある、右向きの動きに反応する細胞と、左向きの動きに反応する細胞の、どちらがより強く反応したのかを比較することで判断できます。MT野では、同じ向きの動きに反応する細胞同士は集まっていることがわかっているのですが、ある向きの動きに反応する細胞の集まりに、電極を使って人工的に電気刺激を与えると、見ているランダムドットモーションに対して、あたかもそれらの細胞の集まりが強く反応したかのように、意思決定自体が変わります。

またどちらの動きを感知する細胞が強く反応しているか比較するとき、MT野の反応を受け蓄積させる部位があると考えられています。この実験は実験動物のサルに、視線を動かすことによって答えさせていることもあり、眼球運動に関係する頭頂葉のLIPや前頭葉の前頭眼野などが、MT野の反応を受け、動きの判断に直接関わっていることがわかっています。この一連の実験で、右か左のどちらに動く点が多いのか、**それぞれの動きの感知を比較することによって答える仕組みが、脳内に備わっている**ことが明らかになりました。

単に、見ているものの動きを判断するのではなく、私たちの日常の意思決定で問われる、好みの判断を扱った脳科学研究もその後に進みました。眼球運動を利用した実験では、カリフォルニア工科大学の下條信輔氏らによるものがあります。被験者に2枚1組になった顔写真を提示し、どちらの写真の人物が魅力的かを答えてもらいます。このとき被験者の視線を計測し、判断を下すまでにどこを見ているかを、繰り返し調べました。すると、判断を下す約0・5秒前からすでに、好きと答える写真を見ていた割合が高かったことがわかりました。被験者たちは、自分がそのように2枚の写真を偏って見ていたことを意識していなかったそうです。

また、2枚1組の顔写真のうち好みのほうを選ばせてから、いったんカードを伏せ、選んだほうの写真だけを見せながら、選んだ理由を答えさせるという実験もあります。選んだ写真を見せるときに、何回かに一度、手品のように写真をすり替えて、選んでいないほうの写真を見せ、選んだ理由を答えてもらいました。すると、写真をすり替えられたことに多くの被験者が気づかず、なぜその顔が好みかを、その写真の特徴に合わせて答えました。実際には選ばなかったほうの顔写真であるにもかかわらずです。

これらの実験によって、好みについての選択は、自分で意識した理由にもとづいて行われているわけではないことがわかりました。**多くの意思決定は無意識に行われるもので、その理由は後付けに過ぎないと考察する人もいます。**

前頭前野腹内側部を損傷すると リスク管理ができなくなる

もうひとつの意思決定にまつわる実験は、アイオワ・ギャンブリング課題と呼ばれる、カードを使ったギャンブルを模した課題を行ってもらう実験です。実験の参加者の前には、重ねて積まれたカードの山が４つ置かれ、１枚ずつカードを引いてもらいます。カードの裏には賞金ないし罰金の額が書かれており、得をするカードもあれば、損をするカードも存在しますが、最終的により多くの報酬を手にすることがこのゲームの目的になります。

４つのカードの山のうち、２つはハイリスク・ハイリターンの山で、長期的に見ると収支がマイナスになります。残る２つはローリスク・ローリターンの山で、こちらは長期的に見ると収支がプラスになるように設定されています。このゲームを行うと、誰でも最初のうちはハイリスク・ハイリターンの山からカードを引き、大きな報酬を得ようとします。しかし、これを続けていると、ときどき大きな罰金を引いてしまい、報酬が大幅に減ってしまうため、健常な人は次第にローリスク・ローリターンの山のカードを選ぶようになっていきます。ところが、前頭前野腹内側部という脳領域に損傷がある患者さんは、ハイリスク・ハイリターンの山のカードを選び続けてしまいます。つまり、長期的な視野に立った意思決定をするには、前頭前野腹内側部が正常に働いていないといけないことが実証されたわけです。

意思決定に関わる脳部位として、ヒトでは前頭前野腹内側部が注目されてきましたが、ヒトに近い実験動物であるサルでは、前頭前野腹内側部の中でもとくに腹側部にあたる前頭眼窩野の研究が進んでいます。また、意思決定に関わっていると多くの神経科学者が考える部位が、もうひとつあります。線条体です。線条体は大脳基底核の主要な部分のひとつで、運動機能に関与していることが知られていましたが、価値にもとづいた意思決定にも重要な役割を担っていることが明らかになってきました。線条体には、前頭前野腹内側部を含む前頭葉からたくさんの情報が入力され、そこから視床を介して、再び前頭葉に信号を戻すというループ構造が形成されています。線条体では例えば右と左のどちらを選択すると、良いことが起こるのかといった価値判断をしていると考えられています。

こうした価値判断においては、"offer value"と"chosen value"という2種類の価値基準があると言われています。例えば選択肢AとBがあり、どちらかを選択してもらうとします。このときAの価値が300円で、Bの価値が400円だったとすると、このそれぞれの価格がoffer valueです。Aを選ぶかBを選ぶか決まっていない段階では、それぞれのoffer valueが、脳内で価値として表現されます。そして、どちらを選ぶか意思決定を問われたときに、例えばBを選んだ場合、その価値400円がchosen valueとして、やはり脳内で表現されます。Aの300円というoffer valueは選択されなかったため、脳内の表現からは消失していきます。価値判断にもとづいた意思決定に際して、こうした価値表現のダイナミックな変化が、線条体や前頭眼窩野で起きていることが、最近の研究からわかってきました。

選択肢の価値の大きさはドーパミンによって学習される

意思決定をした後の結果が価値表現に影響を与えることも、大事な側面です。意思決定をして選んだ行動を実際に起こしたところ、予想よりも良い結果が得られた場合、脳幹の中脳の中にあるドーパミン細胞が活動を高めることがわかっています。ドーパミン細胞は線条体に広くかつ強くつながっていて、活動するとドーパミンを線条体に放出します。そうすると、直前に前頭葉から送られてきていた情報の価値表現が上がります。先ほどの例で、４００円の価値を持っていると思ってBを選んだところ、実際には５００円がもらえた、ということが起きると、学習によってBの offer value が上がる一方で、Aの offer value には変化がありませんから、次に同じ選択肢A、Bが現れた場合に、よりBを選ぶ確率が上がります。このような価値の学習が線条体では起きることは、意思決定をより確実に速くするうえで、重要であると考えられます。

意思決定には、バイアスがかかりやすいことも知られています。フレーミング効果です。例えば、リスクのある手術を受けるかどうかを決める際に、生存率が90％と言われれば、かなり高い割合で生きて帰ってこられると安心できますが、死亡率が10％と言われると、受け取る印象は大きく変わります。同じ事実を別の角度から指摘しているだけですが、**どの側面を強調するかによって、意思決定は大きく影響を受ける**ことになります。

そのほか、失敗後の意思決定に関するこんな研究もあります。何か失敗を犯すと、前頭葉内側面の帯状回前部という脳部位から、Error-related negativityと呼ばれる特有な脳波が計測されます。この反応が大きいほど、その次にハイリスク・ハイリターンな選択をする、というのです。この結果を拡張すれば、例えば投資で大きな失敗をすると、撤退するよりも、もう少し辛抱してその損を取り返そうという気持ちが働くため、撤退する判断が遅れがちになってしまうことを説明できるとも考えられます。

また、教育心理学の領域では、自分が決定した事柄については、それがもし失敗だったとしても、失敗とは捉えず、次の成功につなげるための有益な情報だとポジティブに解釈する傾向があると言われています。誰かに言われて選択した結果の失敗は、ネガティブに捉えやすいけれども、自分で選べば、ポジティブに受け止めることができるというわけです。これも、得られた結果に対する一種のバイアスということもできます。

このようなバイアスをうまく利用しながら、速く的確な意思決定をしたいと考えるなら、とにかく**自ら決定してみて、ネガティブな結果にはこだわらずに、成功体験を積み、線条体の価値表現をより確固なものに磨いていくことが有効**かもしれません。

人はそれを正当化しようとする望まない選択をしても

人間は良くない選択をした場合に、それを正当化しようとする傾向もあります。例えば、やむを得ず、好きでもないものを自分で選んでしまったとします。すると、好きでないものを選んだという矛盾による不快な感情（認知的不協和）が生じます。そんなときは、何かと理由をつけて、あたかも最初から好きだったことにしようとするわけです。そうやって好きではないのに選んだものの価値を、認知的な努力によって上げていきます。実際に、線条体の価値表現もそれにともなって変化していることがわかっています。

もし大学入試で第一志望に落ち、あきらめて第二志望の学校を選択したとします。すると、第二志望の大学の価値が高いと思うわけです。もともとは第一志望の大学のほうが、価値が高いと判断していたにもかかわらず、現実を前にして、第二志望の価値を上げ、第一志望の価値を下げていきます。価値を認知的に変えることで、自身の選択を正当化し、ストレスがかからないよう心をコントロールしているのかもしれません。

Note.
01

予測→実行→結果を記録しペンで色分けする

5min

問題解決力をアップさせるためには、メモにどんな工夫をすればいいのでしょうか？　ビジネスでは、「計画（Plan）」「実行（Do）」「点検（Check）」「改善（Action）」が重要だと言われます。いわゆる「ＰＤＣＡサイクル」と呼ばれるものです。あらかじめ綿密に計画を立て、実行したら、結果を検証します。課題があれば改善し、次に生かすことでプロジェクトの精度や質が向上していくわけです。経験値とノウハウを積み上げることで、問題が発生したときに、適切に対処できるようになります。

このの「ＰＤＣＡサイクル」をきちんと行っていくためには、ノートではまず「予測・実行・結果」を意識して、記録することが大切です。

プロジェクトの規模にもよりますが、多くの場合、計画はチームで話し合い、練られていくと思います。自分のプランや意見が採用されることもありますが、１００％コントロールできるものでもありません。あるいは、すでに計画自体は決まっており、それを実行するだけといったケースもよくあります。

そこでその計画を実行したら、どのような結果になるのか、あらかじめ自分なりの予測を立て、ノートに記載しておきます。あくまで予測なので、実際の結果と大きくズレた稚拙なものになっても、まったく問題ありません。いずれ計画立案を任されたときに、この経験が役立ちます。なぜなら、**人が最も多くのことを学習するのは、自分で経験し、決断した出来事**だからです。したがって、計画に対して自分なりの予測を立てておくことで、計画を自分事にすることができます。

予測を記載したら、実際に実行された出来事をできるだけ詳細に記録しておきます。そして、最後に結果を記録しておきます。このとき、**自分が立てた予測と違っていた部分があれば、余白などに記載**しておきましょう。

結果を見て、何を感じ、どこに気がつくのか？　そうした「気づき」が、その後の仕事では大きな価値を持つからです。

さらに、どれが予測した出来事なのか、実行の記録や結果はどこに記載したのかを**ひと目でわかるように色分けしておくと、後日、振り返った際に、すぐに理解できます。**記録するときには同じ色のペンで構わないので、例えばメモを囲むような枠を異なる色で入れたりするだけで十分です。

Note.
02

仮説を考えながら、メモをとる

5min

問題解決のスキルを伸ばしていくためには、「仮説」を立てることが、大きな意味を持ちます。ビジネスではとかく結果が重要視されがちですが、結果というものは運などの不確定な要素が影響を及ぼすこともよくあります。関わる人間の数も多く、また複数の関係先と一緒に行うビジネスが大半です。

例えばイベントを開催したけれど、悪天候で交通機関の乱れが発生し、会場までのアクセス手段がなくなってしまい、集客が予想を下回るケースもあります。また、資材や人件費の高騰、為替の変動で、販売は好調だったにもかかわらず利益が激減してしまうことも考えられます。会社としてはそのようなリスクも事前に想定しておくべきなのかもしれませんが、個人レベルでは予測が不可能なこともあるでしょう。

そのため結果にとらわれず、与えられた仕事の中で、真の問題を発見し、それを解決することに集中すべきです。

また、計画を立て、プロジェクトを実行するためには、事前の情報収集が欠かせません。市場やトレンドはどうなっているのか？　他社の動向は？　計画のタイミングは適切なのか？リサーチを徹底することで判断材料が増えていきます。

そんな情報収集の際には、常に「この先、どうなるのだろうか？」「この情報は何に役立つのか？」「どんな計画ならリスクが低くなるのだろうか」などと**自分なりの仮説を立てながら、ノートにメモをとっていきます**。その際には他のメモと混同しないよう、「仮説」と銘打って、記載しておきましょう。

ときには先輩や上司に話を聞き、これまで同様のケースでどんな計画が行われてきたのか？実行されたのはどんなプロジェクトだったのか？　そのとき何か大きなトラブルが発生したことはなかったのか？など、社内に蓄積されたノウハウを集めながら、自分の仮説と比較していきます。

多くの情報や過去のノウハウをたくさん収集し、適切な仮説が立てられれば、問題に対処する準備をあらかじめ行うことができます。それらを一つひとつ検証し、対策を練っておくことで、問題が起こったときに、それがはじめての経験だったとしても、大きなトラブルにならずに済むはずです。

Note. 03 現状分析は「Where」「Why」「How」で導き出す

5min

問題解決は以下の4つのステップで行います。「問題分析」→「仮説」→「仮説の検証」→「アウトプット」です。

例えば、「新商品が売れない」という課題があった場合、さまざまな問題点が考えられます。他社製品と比べて、新商品の魅力が乏しいのかもしれません。魅力はあるけれど、それが消費者に伝わらず、手に取ってもらえないのかもしれません。あるいは価格設定が間違っている場合もあります。売り場が確保できないことが敗因の場合も考えられます。では売り場が確保できない理由はどこにあるのでしょうか？　営業力の弱さでしょうか？　販売店の商品知識の乏しさがネックになっているのかもしれません。

このようにひと口に「売れない」と言っても、どこに問題を抱えているのか、まずは現状分析を行う必要があるわけです。分析結果によって当然、とるべき対策は変わってきます。

現状分析では「Where」「Why」「How」に注目して課題を捉えると、素早く問題点を探し当てることができます。

例えば、売上が低迷しているという報告があったのなら、その情報を「Ｗｈｅｒｅ」「Ｗｈｙ」「Ｈｏｗ」で分類していきます。

「Ｗｈｅｒｅ」は、どこで売上が低迷しているのか？ということです。特徴がつかめないか、データをよく見ていきます。都市部だけなのか？　それとも郊外での話なのか？　専門店や量販店で売上に違いがあるのか？　購入しているのは新規購入者ばかりで、リピーターが買ってくれないから、低迷しているのかもしれません。そんなふうに「Ｗｈｅｒｅ」に注目して、データを分析し、ノートに記録していきます。

続いては「Ｗｈｙ」です。価格競争に負けている〝から〟なのかもしれません。競合他社の製品の価格を改めて調べてみます。広告やプロモーションなど、販売促進が弱い〝から〟売上が低迷している可能性もあります。店頭で目立たずに埋もれている〝から〟なのかもしれません。Ｗｈｙ＝〝から〟という点に注目してみます。

もう一点は「Ｈｏｗ」です。「Ｈｏｗ」は「どのようにすればいいのか」ということです。つまり対策です。「Ｗｈｅｒｅ」と「Ｗｈｙ」を書き出していくうちに、次第に問題点が浮かび上がってきます。知名度が低いなら、プロモーションに力を入れるという対策が考えられます。価格で負けているなら、価格を下げるという対策に結びついていくはずです。

Note. 04 情報を「事実」「解釈」「行動」に分類して仮説を作る

5min

問題はここにありそうだと分析から判断したのなら、次は「仮説」を作ることですが、どのように作ればいいのでしょうか？　ここで紹介するのは、**情報を「事実」「解釈」「行動」に分類する**という方法です。

例えば、問題分析で売上の低迷の原因は「新規購買者が少ない」ことにあると判断したとします。では、どのように「新規購買者に買ってもらうのか？」について仮説を考えていきます。まずはノートに改めて「新規購買者が少ない」と判断した理由を列挙していきます。それが「事実」です。

【事実】

・アンケート結果を見ると、リピーターの割合が多い

・量販店よりも専門店での売上が大きい

・単品での購入よりも、まとめ買いをしている人が多い
・販売でのヒアリングで指名買いしているお客様が多いという声があった
・店頭での接客時間が長い

この事実から、店頭で起こっていることを推測します。それが「解釈」です。

【解釈】
・思い入れの強いユーザーがいる
・接客で商品の魅力を訴求できると購買意欲が高くなる
・まとめ買いをしてでも、単価を安く購入したいという要望がある

事実を解釈したら、それを解消するための「行動」を考えます。これが仮説になるわけです。

【行動】
・商品説明ができる専門店での販売を強化して、新規顧客にアピールする
・ＰＯＰやポスターを作成し、商品の特徴を伝える

このようにノートに「事実」「解釈」「行動」を書き出すことで、仮説が作れます。

Note. 05 仮説ができたら、解決までのストーリーを描いてみる

5min

仮説ができたら、検証に移りたいところですが、その前に問題解決に至るまでのストーリーを描いてみます。ストーリーを思い描くことで、ゴールである**問題解決までの展開が想像しやすくなり、アウトプット（解決策）の精度が上がる**からです。

どのようにストーリーを作っていくのか、先ほどの「新商品が売れない」という課題を例に紹介していきます。現状分析の結果、「新規購買者が少ない」という問題点を見つけ出し、「事実」と「解釈」を行いながら、「商品説明ができる専門店での販売を強化して、新規顧客にアピールする」という仮説を導き出しました。このとき「仮説」とは、問題を解決するためのプラン・対策を意味します。

この仮説に至るまでの思考を、ストーリーにするわけですが、**キーワードは「起承転結」**です。

起承転結の「起」は、「新商品の売上の低迷を解決する鍵は新規購買者の獲得」となります。「承」は、「だから専門店の販売強化で新規購買者の売上をアップさせる」とつながります。さ

らに、仮説へとつなげていきます。

「転」では、例えば「専門店での顧客対応や商品陳列を検証」します。その結果として、「結」では「予算や人員を専門店へと振り分ける」となるわけです。このようなストーリーを描き、これが正しいのか、検証を進めていくことになります。

映画や小説などでも、いきなり撮影や執筆は行わず、まずは台本を作ったり、相関図を作成して全体像を決めたりします。そして、プロデューサーや編集者に確認をとりながら、制作が進められていきます。ときにはそこで修正や注文が入り、物語の方向性や展開が変わることもあります。

問題解決でも、同様です。**ノートにこのようなストーリーを描くことで、どのように行動すべきかが明確になり、作業の効率が上がっていきます。**ノートに描かず、頭の中だけで想像することもできますが、言葉にしてノートに残すことで、より思考が整理されます。他人とも状況を共有することが可能になります。

また、不足している情報や作業、工程があれば、すぐに見つけ出すことができます。いわば問題解決を行う際の設計図として、いつもノートを手元に置き、常に確認するようにしたいところです。

Note.
06

仮説検証には必ず質問リストを持参する

5min

仮説を立てたなら、実際に検証を行います。問題提起から仮説を導きましたが、**あくまでデータなどを分析した結果なので、思い込みや認識の違いも含まれます**。そのため、店舗などに赴き、仮説が本当に正しいのか、検証することで、より説得力のある問題解決法を提案できるようになります。検証するといっても、それほど難しいことではありません。ノートを持参し、ヒアリングやインタビューをしていきます。

店員も仮説と同じことを感じているのか、現場の声を拾うわけです。単純にデータを読み違えていたり、思い込みが強すぎてバイアスがかかって、そう判断してしまったということもあります。店頭で店員やスタッフにヒアリングを行う場合には、貴重な時間をもらって話を聞くわけですから、聞きたいことを漏らさずに拾えるよう、事前に質問リストを作っておきましょう。

「実際にどんな人（性別・年齢・属性）が主に新商品を購入しているのか？」

「購入する人は何と一緒に購入していくのか？」

「購入者はリピーターと思われる人なのか？」

「購入者が減っているように感じるのか？　なぜそう思うのか？」

「商品の説明を求められたことはあるのか？」

「どんな商品説明を行っているのか？」

「店頭で販売促進のために何か工夫していることはあるのか？」

といった具合に、仮説と照らし合わせながら、質問をしていきます。

このときに注意すべきなのは仮説を信じすぎないことです。どうしても**仮説を補強する材料を探して、誘導尋問になってしまったり、店員の話に都合のいい解釈をしてしまうことがあります。人は自分が立てた仮説が正しいと思いたい**からです。

そのため、自分の仮説は間違っているかもしれないという意識を常に持っておくことが大切です。そして、**間違っていると感じたら、躊躇なく仮説を変更していく柔軟さも必要**です。自分を信じるばかりに、事実を曲げてしまったら、問題の解決ができなくなるばかりか、状況を悪化させる結果になる可能性もあります。

もし検証の段階で、不安を感じたり、仮説の不備に気づいた点があったら、ノートに記録していきましょう。仮説を修正する際の貴重な情報源になるはずです。

Note.
07

「次に何をすべきか」を示唆するコーネルメソッドノート

5min

アメリカのアイビーリーグのひとつである**コーネル大学で開発された、「次にどうすべきかを教えてくれるノート」**があります。問題解決にも使えるこの「コーネルメソッドノート」を紹介します。

コーネル大学はニューヨーク州にある私立大学で、１８６５年に設置されました。世界屈指の名門大学として知られ、とくに機械工学や生命科学、コンピュータ工学、経営学、医学、農学などの分野では著名な大学です。また、「誰でも学問の分野を問わずに教育が受けられる」をモットーに掲げる学校としても知られています。

そんなコーネル大学でおよそ40年前に誕生したと言われる「コーネルメソッドノート」は、その学習効果の高さから最近は専用のノートも市販されていますが、自分でサッと罫線を引いて作ることもできます。

コーネルメソッドでは、**ノートを３つのスペースに分けて使用するのが、大きな特徴**です。

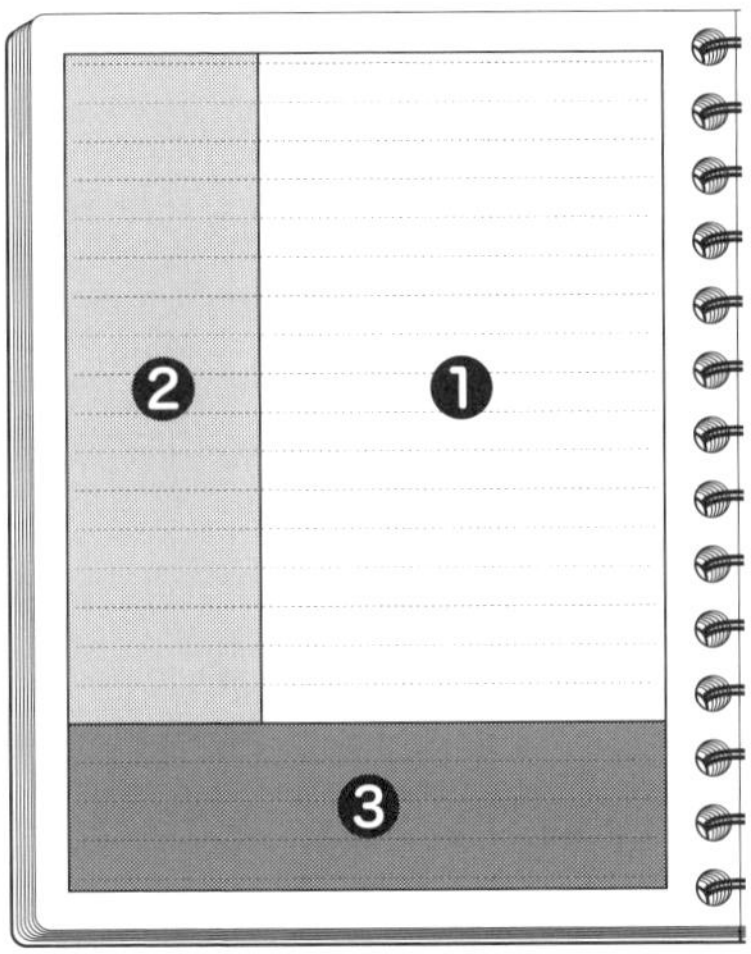

❶ **ノートエリア**
話を聞きながら要点をメモするスペース

❷ **キーワードエリア**
あとで疑問点や重要なキーワードを抜き出し、ここに書き出す

❸ **サマリーエリア**
ページごとの要約をここにまとめる。見返すときにはとくに意識して確認する

まずひとつ目がメモをするときに使う「ノートエリア」です。いちばん大きなスペースを占めるのがこのノートエリアで、会議の内容を書き留めたり、課題解決に欠かせない情報収集に使います。

ノートエリアに書き込むときには、**文章で長々と書くのではなく、必ず箇条書きで記入する**のが、コーネルメソッドの基本ルールとなっています。そのため会議の議事録や講演の記録などでは、略語や記号を積極的に使って、より速く、簡略化して記入していきます。

もしも会議中に聞き漏らしたところがあれば、そこは無理に埋めずに空白のまま残しておきます。あとで時間があるときに、空白を埋めるようにします。会議中は書き留めることに集中すべきというわけです。

また、簡略化させてメモしますが、**10日後に**

見てもきちんと内容がわかるようにしておくことが大切だと言われています。これは見返しを想定して発想されたノートメソッドだからです。後日、ノートを見返したときに内容が理解できる程度に省略化・簡略化してメモしておきましょう。

2つ目のスペースは、「キーワードエリア」です。ノートエリアの隣に設ける細長いスペースで、ここは会議などが終わったあと、**重要なキーワードや疑問点を書き込むために使用**します。仮説の検証のためにコーネルメソッドを使う場合には、ノートエリアに店頭でのヒアリングやインタビューの成果を記入します。

キーワードエリアには、店頭で感じた改善点や気づき、あるいは、ふと思いついたアイディアなどを記載します。スペースがあまりないので、できるだけ明確・簡潔に書くのがポイントです。

最後のスペースは、「サマリーエリア」と呼ばれる、ノートの下部に設ける横長のスペースです。ここには**復習をしたときに、ページごとの要約を簡潔に書き入れていきます**。もし仮説の検証に使うなら、どんな情報を収集したのか、立ち上げた仮説がいまどんな状況なのか、進捗具合を書いておきます。

このまま進めて構わない仮説だったのか？　それとも追加のリサーチが必要なのか？　あるいは仮説に間違いがあったのか？　そんなことを要約として記入しておき、毎週10分は読み返すようにします。

また、コーネルメソッドノートは、ノートの向きを縦から横に変えて使うと、アイディアを練り上げたり、ラフスケッチを描いたりするときに便利です。そのときはノートエリアにイメージマップやラフスケッチを描き、上部に来たキーワードエリアにタイトルを入れます。サマリーエリアには検討事項や要点を書き出して使用します。

スペースを用途別に分けることで、意識せずに情報を整理することができるのが、コーネルメソッドの良いところです。理解を深め、分析をスピーディに行いたいときに使えるノートメソッドだと言えます。

Note.
08
階層的に理解を深める「ロジックツリー」

5min

課題を論理的に分析して、解決策を探すときに有効なノートメソッドが「ロジックツリー」です。大きくて漠然としている課題を分解して、より具体的な要因を洗い出すことができます。

例えば、「売り上げが下がっている」という課題を設定したとします。売り上げが下がる原因として、何が考えられるでしょうか？　まずは代表的な要因を書き出します。

「営業力が弱い」「販売力が弱い」「価格が高い」という3つの要因を思いついたとします。これが第一階層で、ロジックツリーのスタートになります。続いて、先に挙げた3つの要因をそれぞれさらに分解していきます。「営業力が弱い」のはどうしてなのでしょうか？「商談力が弱い」からでしょうか？　あるいは「顧客との接点が少ない」のが原因なのでしょうか？　このように思いついた要因を、どんどん深掘りしていくわけです。

「販売力が弱い」のは、「販売力が弱い」から、そして「営業担当者の商品知識が乏しい」からだと考えられます。

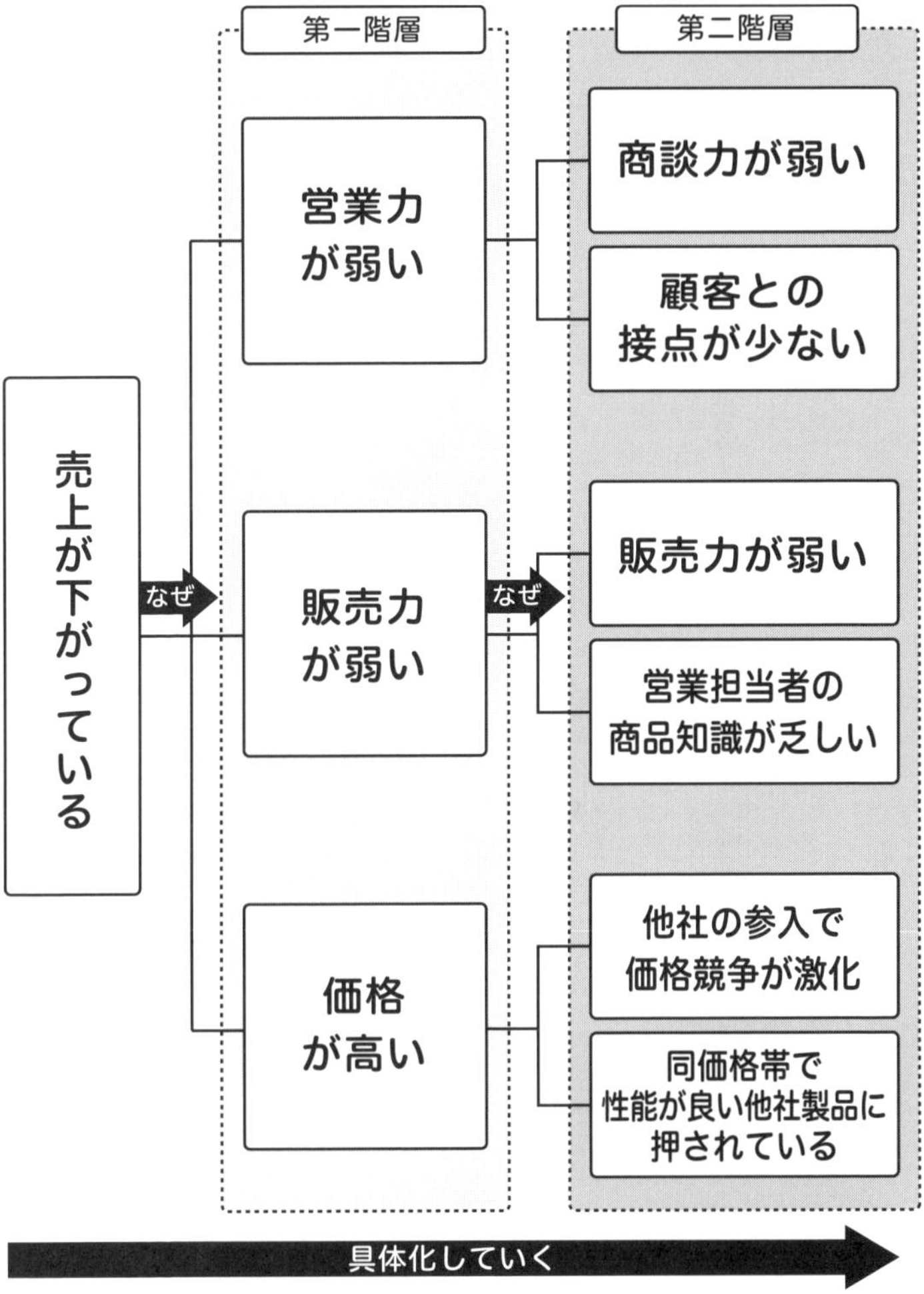
第一階層
第二階層
売上が下がっている
なぜ
なぜ
営業力が弱い
販売力が弱い
価格が高い
商談力が弱い
顧客との接点が少ない
販売力が弱い
営業担当者の商品知識が乏しい
他社の参入で価格競争が激化
同価格帯で性能が良い他社製品に押されている
具体化していく

また、「価格が高い」のは、「他社の参入で価格競争が激化」しているから、そして「同価格帯で性能が良い他社製品に押されている」からということになります。

もし、さらに細かい要因に分解できるのなら、もっと階層を深くしていきます。**ロジックツリーの良いところは、課題の全体像を把握しやすいところ**にあります。

課題を分解するときには、「重複せず、漏れがない」ことを意識することが大切です。「重複せず、漏れがない」状態のことをMECEと呼びます。

MECEを意識して分解することで、要素が重なり、混乱する事態を避けることができます。もちろん、実際のビジネス現場では複雑な状況や条件が重なっているため、ひと言で言い切れない要因もあると思います。厳密にいえば、それだけが要因ではないと言いたくなることもありますが、あくまで事態を整理するために分解しているにすぎないので、あえてわかりやすい切り口で分解しましょう。このとき同じ階層に入れる要因は、レベルを合わせておくようにします。

ロジックツリーの階層は、5階層までと言われています。階層が深まらないときは、「なぜ」そんなことが起こるのか？ 理由を突き詰めていくことで、発見できます。**「原因を探るためにWhyを5回唱えよ」**という言葉もあるくらいです。

ロジックツリーが完成したら、課題を解決するにはどうしたらいいのか、その手段・方法を検討していきます。

問題解決には、「問題分析」↓「仮説」↓「仮説の検証」↓「アウトプット」の4つのステップがあると解説しましたが、問題分析では考える可能性をすべて洗い出すことが重要です。

その点、ロジックツリーは**課題を階層化して俯瞰できるため、問題点の見落としや漏れがなくなります**。思考を可視化することで、一つひとつ冷静に可能性を潰していくことができるわけです。

何が最善策なのか、論理的に説明しやすくなるため、プレゼンに使用することもできます。一度作成したロジックツリーは、チームで共有すれば、会議や打ち合わせなどでの議論のズレを修正することができるため、ノートに保存しておくといいでしょう。

Note.
09

課題の原因が分析できる「フィッシュボーン」

5min

もともとは工場の品質管理を分析する定番ツールとして使われていたのが、「フィッシュボーン」と呼ばれる課題分析ツールです。こちらもロジックツリーと同様に、因果関係を可視化することができるため、課題の要因を突き詰めて考えるときに重宝します。

ロジックツリーよりも因果関係が直観的に把握できるという意見もあります。

フィッシュボーンを作るときは、まず大きな三角形と横線で、矢印を描きます。そして、矢印の先にできた三角形の中に、課題を書き込みます。三角形が魚の頭で、横線が背骨です。

次に課題をまつわる重要な要因を5～8個程度ピックアップして、背骨である横線の上下にバランスよく配置していきます。

「製品が売れない」という課題を設定するのなら、重要な要因は例えば「人に関する原因」「モノに関する原因」「情報に関する原因」「時間に関する原因」「金に関する原因」などとなります。あるいは、「営業」「流通」「広告・宣伝」「価格」「品質」といった言葉にすることもできます。

重要な要因を書き入れたら、それぞれの要因をロジックツリーのときと同じように細かく分解していきます。例えば「モノに関する原因」→「パッケージが悪い」「多機能すぎる」。「情報に関する原因」→「PR不足」「ターゲットに届いていない」といった具合で、より具体的な原因に落とし込んでいくわけです。

もし、さらに分解できるなら、「PR不足」→「パッケージが目立たない」などのように具体化し、要因のそばに書き込んでいきます。

このような作業を繰り返し、フィッシュボーンが完成したら、これを参考にしながら、対策を練っていきます。可視化されているので、作業がはかどるはずです。

ロジックツリーと異なり、**階層に分けて要因を分解していかないので、重複や漏れが生じる可能性はありますが、要点をまとめるには適しています。**魚の大骨となるテーマをどんなものにするかによって、分析結果が異なることもあるので、慎重にテーマ設定を行いたいところです。

こちらもチームのメンバーと共有すれば、自分が思っている要因について話し合うことが容易になります。大勢のメンバーで会議をするとそれぞれの認識が異なり、議論が深まっていかないこともあります。そんなときはフィッシュボーンをあらかじめ提示して、それに沿って会議を行うと生産的です。

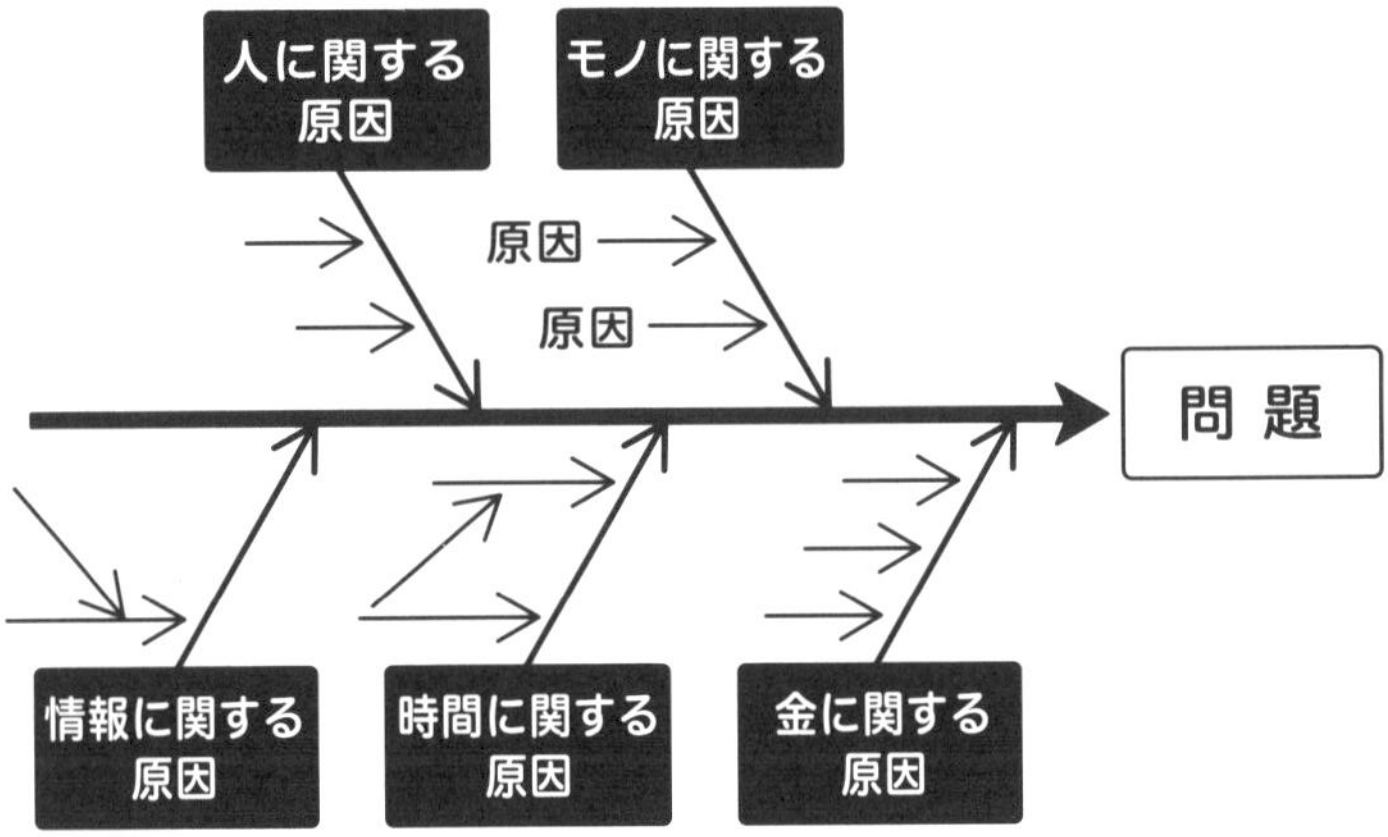
人に関する
原因
モノに関する
原因
原因
原因
問題
情報に関する
原因
時間に関する
原因
金に関する
原因

(例)

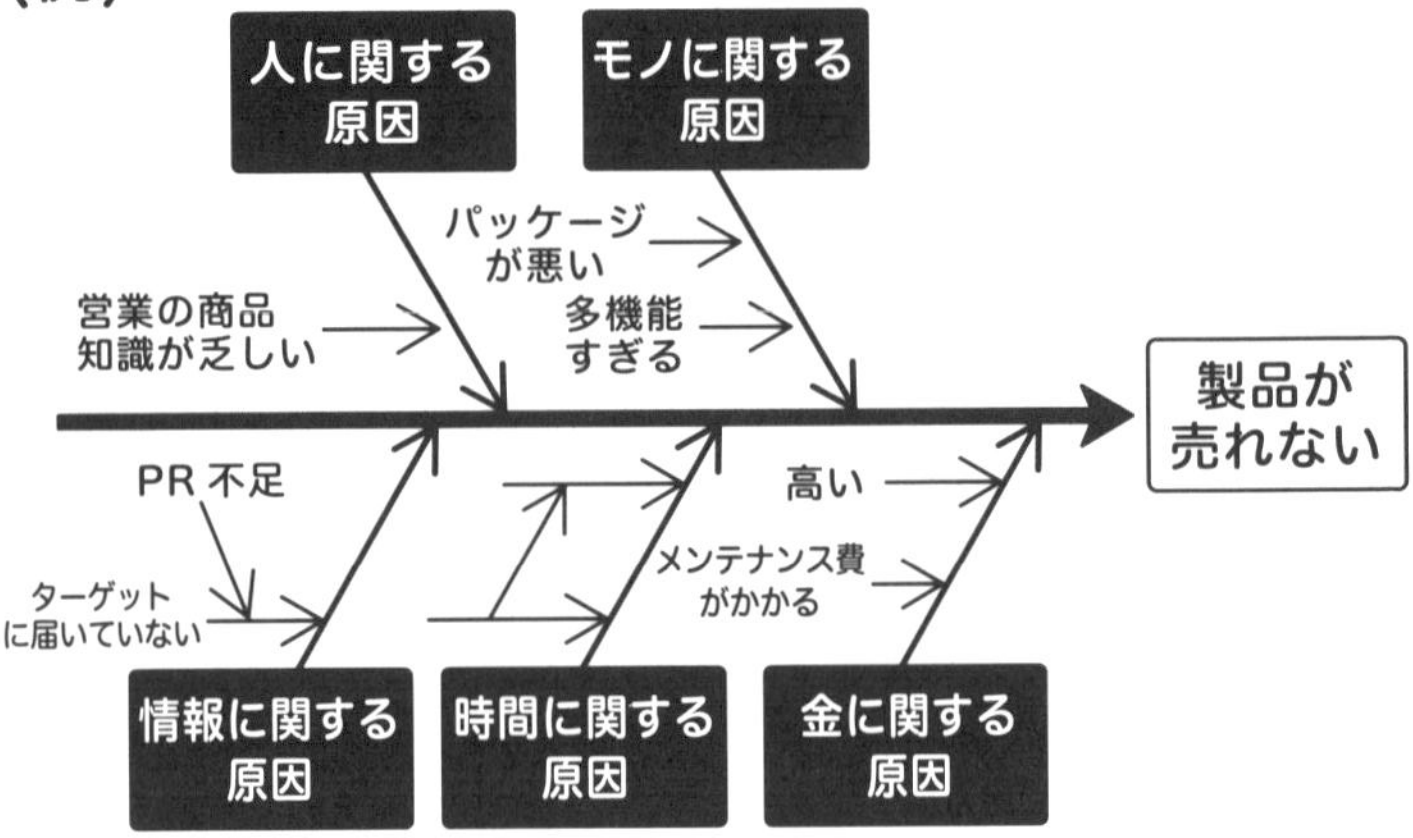
人に関する
原因
モノに関する
原因
パッケージ
が悪い
営業の商品
知識が乏しい
多機能
すぎる
製品が
売れない
PR 不足
ターゲット
に届いていない
高い
メンテナンス費
がかかる
情報に関する
原因
時間に関する
原因
金に関する
原因

【出典および参考図書】

・『情報は1冊のノートにまとめなさい　100円でつくる万能「情報整理ノート」』（著・奥野宣之／ナナ・コーポレート・コミュニケーション）
・『読書は1冊のノートにまとめなさい　100円ノートで確実に頭に落とすインストール・リーディング』（著・奥野宣之／ナナ・コーポレート・コミュニケーション）
・『100円ノート「超」メモ術　目から鱗が落ちる！』（著・中公竹義／東洋経済新報社）
・『本当に頭がよくなる1分間ノート術』（著・石井貴士／SBクリエイティブ）
・『ゼロ秒思考　頭がよくなる世界一シンプルなトレーニング』（著・赤羽雄二／ダイヤモンド社）
・『情報を瞬時に整理しアイディアを生み出す！　ノート・メモ　フル活用術』（著・永岡書店編集部／永岡書店）
・『結果を出している人が必ずやっている　手帳フル活用術』（著・永岡書店編集部／永岡書店）
・『マッキンゼーのエリートはノートに何を書いているのか　トップコンサルタントの考える技術・書く技術』（著・大嶋祥誉／SBクリエイティブ）
・『「結果を出す人」はノートに何を書いているのか』（著・美崎栄一郎／ナナ・コーポレート・コミュニケーション）
・『図解　頭がいい人はなぜ、方眼ノートを使うのか？』（著・高橋政史／かんき出版）
・『すべての仕事を紙1枚にまとめてしまう整理術』（著・高橋政史／クロスメディア・パブリッシング）
・『ペンとノートで発想を広げる“お絵描き”ノート術　マインドマップ®が本当に使いこなせる本』（著・遠竹智寿子、月刊アスキー編集部／アスキー・メディアワークス）
・『トヨタで学んだ「紙1枚！」にまとめる技術』（著・浅田すぐる／サンマーク出版）
・『きみの脳はなぜ「愚かな選択」をしてしまうのか 意思決定の進化論』（著・ダグラス・T・ケンリック、ヴラダス・グリスケヴィシウス／訳・熊谷淳子／講談社）
・『記憶力の脳科学』（著・柿木隆介／大和書房）

【出典および参考図書】

・『【大人のための図鑑】脳と心のしくみ』（監修・池谷裕二／新星出版社）
・『大人の脳科学常識　頭が冴えわたる脳の鍛え方』（著・トキオ・ナレッジ／宝島社）
・『アタマがみるみるシャープになる！！　脳の強化書』（著・加藤俊徳／あさ出版）
・『脳を最適化する　ブレインフィットネス完全ガイド』（著・アルバロ・フェルナンデス、エルコノン・ゴールドバーグ、パスカル・マイケロン／訳・山田雅久／CCC メディアハウス）
・『変えてみよう！　記憶とのつきあいかた』（著・高橋雅延／岩波書店）
・『眠っているとき、脳では凄いことが起きている　眠りと夢と記憶の秘密』（著・ペネロペ・ルイス／訳・西田美緒子／インターシフト）
・『意識はいつ生まれるのか　脳の謎に挑む統合情報理論』（著・マルチェッロ・マッスィミーニ、ジュリオ・トノーニ／花本知子／亜紀書房）
・『記憶のスイッチ、はいってますか　気ままな脳の生存戦略』（著・枝川義邦／技術評論社）
・『受験脳の作り方　脳科学で考える効率的学習法』（著・池谷裕二／新潮社）
・『脳が認める勉強法　「学習の科学」が明かす驚きの真実！』（著・ベネディクト・キャリー／訳・花塚恵／ダイヤモンド社）
・『最新脳科学で読み解く 脳のしくみ』（著・サンドラ・アーモット、サム・ワン／訳・三橋智子／東洋経済新報社）
・『脳と心の秘密がわかる本』（監修・木村昌幹／学研プラス）
・『脳から見える心　臨床心理に生かす脳科学』（著・岡野憲一郎／岩崎学術出版社）
・『岩波講座　現代医学の基礎〈6〉脳・神経の科学 I　ニューロン』（編・久野宗、三品昌美／岩波書店）
・『解剖学　基礎と臨床に役立つ III　頸部・頭部・脳と脳神経』（著・ベン・パンスキー、トーマス・R・ジェスト／監訳・樋田一徳／西村書店）
・『脳神経科学』（監修・伊藤正男、金澤一郎／三輪書店）
・『脳科学は人格を変えられるか？』（著・エレーヌ・フォックス／訳・森内薫／文藝春秋）

おわりに

「人生、楽あれば苦あり」ではありませんが、不運や失敗が重なり、なかなか結果が出ない時期や何をやってもうまくいかないことがあります。そんな状態が長く続くと、自分には能力がないのかもしれない、この仕事は向いていない気がすると、ネガティブな思考に陥りがちです。そんなとき活躍する同期や後輩を見ると、ますます落ち込んでいきます。自信がなさそうに仕事をしていても、うまくいくわけがありません。

ただ一方で、自分だって、やればできるという自負があるのではないでしょうか？　成果が出ないのは、たまたま運が悪かっただけで、チャンスをもらえれば、きちんと仕事をこなせる自信はある。優秀ではないかもしれないけれど、自分なりに頑張っているんだ。そんなふうに感じる人も多いと思います。

また、会社という組織の中では、扱いやすい人材が重宝されがちです。アピールするのが下手な人や要領が悪い人は、成果を残しているつもりなのに、評価が低くなることがあります。業務を遂行する能力は同じだったとしたら、要領よく立ち回れる人のほうが印象も良く、重用されるわけです。

では、要領の悪さというのは解消できないのでしょうか？　生まれ持った資質なのでしょうか？　性格なのでしょうか？　そんなはずはありません。

例えば愛嬌を振りまけということではありません。アイディア出しを依頼されたら、すぐにひらめくことができ、決断もスピーディにできる能力。また、スケジュール厳守で、行動も早い。そんなスマートさが身につけば、ずいぶんと働きやすくなると思います。そこで目を付けたのが、脳科学でした。天才的なビジネスパーソンが語る経験則はあてになりません。誰でも実践できる方法を探していました。

溢れる情報を整理できないから、混乱してしまうわけです。冷静になれという精神論ではなく、情報処理の仕方を見直す方法を知りたい。もっと記憶力が良ければ、ミスも犯さないはずです。時間感覚にズレがあるから、周囲には行動が遅いとうつっているのかもしれません。アイディア力、直観、問題解決力もしかりです。

そんなビジネスに欠かせない力を伸ばすことができれば、要領も自然とよくなるのではないかと考えました。

年齢を重ねると、脳細胞が死滅していく一方で、脳には可塑性があり、柔軟に変化していくことができると言われています。また経験を積むことで私たちはビジネスパーソンとして成長できます。

ノート・メモ術という身近なメソッドを使って、その成長のスピードを加速させることができれば、仕事がもっともっと楽しくなるはずです。本書の頭脳ノートメソッドで、あなたが昨日の自分よりも少しでも成長する手助けができたら、こんな嬉しいことはありません。

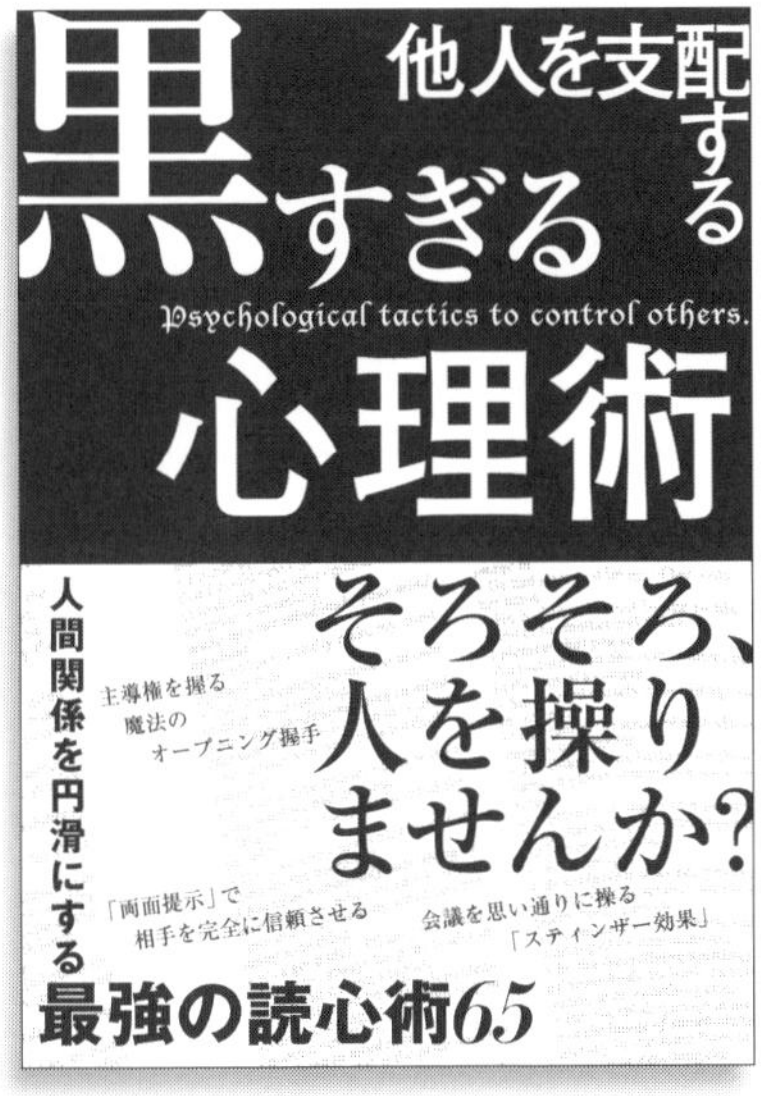

発行　マルコ社
編集　マルコ社
発売　サンクチュアリ出版
定価　本体1300円+税
頁数　224P
ISBN　978-4-86113-677-1

他人を支配する黒すぎる心理術

——そろそろ、人を操りませんか?——

相手の心理を透視して〝操る〟ことで

コミュニケーションは驚くほど円滑になる!

「人を操る」ことは「良好な人間関係を築くこと」につながるのです! 本書では人を操るための心理学や心理テクニックを紹介するために、「心理学」「心理術」の専門家への取材を敢行。心理学の基本や相手の心を透視(見抜く)技術について紹介するとともに、メインコンテンツでは相手の行動や心理を自分の意図した方向に誘導する心理術を多数紹介しています。その内容は日常の人間関係から、職場などのビジネスシーン、また恋愛の駆け引きで使える実践的なテクニックばかり!

発行　マルコ社
編集　マルコ社
発売　サンクチュアリ出版
定価　本体1000円＋税
頁数　128P
ISBN　978-4-86113-679-5

一生使える“算数力”は親が教えなさい。

わからない問題にとことん向き合うことで「一生使える算数力」は養われる！学習のポイントは「親子の家庭学習」にあり

社会人になって大切になる「問題解決能力」を身につける基礎は、小学校の算数にあります。解き方のわからない問題に対して、とことん向き合う。この繰り返しが一生使える算数力を養うことにつながります。また、親が教えることで子どもは小学校の算数を劇的に楽しく学べます。本書では小学校で習う算数の内容を単元ごとにポイントをしぼってわかりやすく解説しています。この１冊の内容をしっかりと理解すれば、お父様、お母様も小学校の算数のポイントがすっきりと理解できるはずです。また、お子様からの算数の問題についての質問にも、的確にわかりやすく答えられるようになります。本質的な理解が深まる図解・イラストも多数掲載！

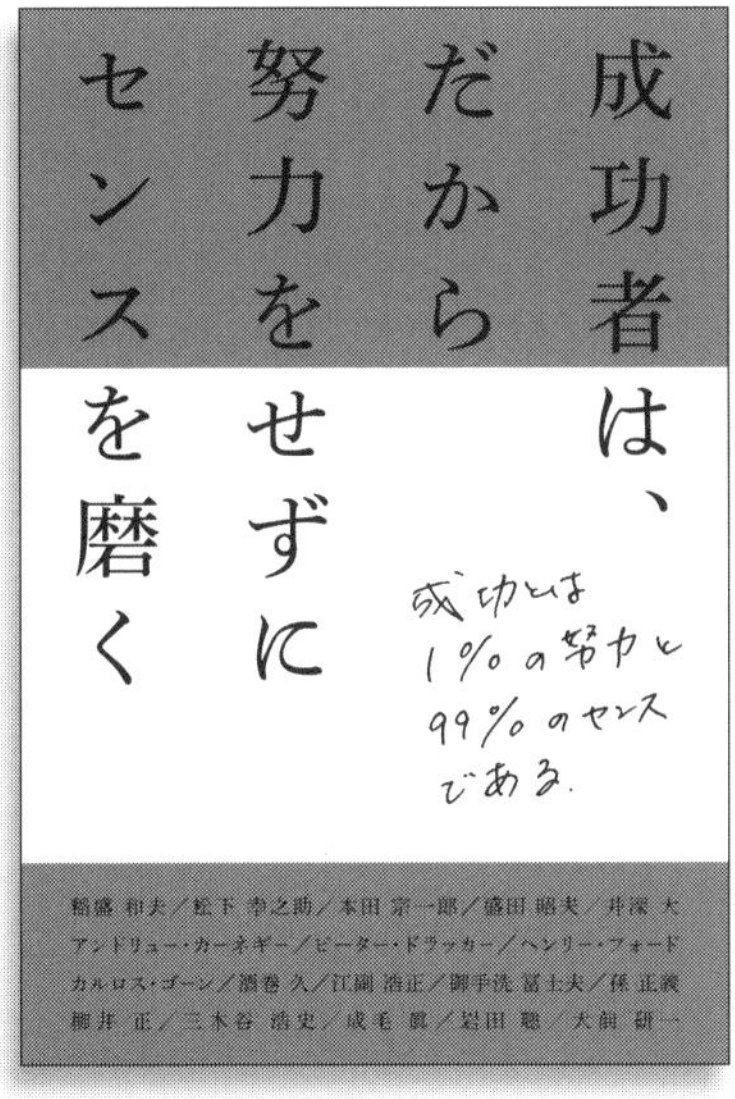

発行　マルコ社
編集　マルコ社
発売　サンクチュアリ出版
定価　本体 1300 円＋税
頁数　224P
ISBN　978-4-86113-680-1

成功者は、だから努力をせずにセンスを磨く

成功とは1%の努力と99%のセンスである！
これまでのビジネスの教科書では教えてくれなかった
成功者たちの“センス”の磨き方を公開

ソフトバンクの孫正義氏、楽天の三木谷浩史氏など、若くして成功を収めた経営者たちは、常人とは違う圧倒的な“センス”を持っています。数字を読む力、ビジネスチャンスを掴む嗅覚、リスクを回避する危機管理力、そして運…。そんなビジネスの成功をつかむために欠かせない“センス”を、彼らはどうやって身につけたのでしょうか？　その答えを探すため、成功者たちの行動や習慣を、専門家の方々が徹底分析！　そこから見えてきた圧倒的なセンスの磨き方とは？　これまでのビジネス書では決して教えてくれなかった成功するための“センス”の磨き方を公開します。

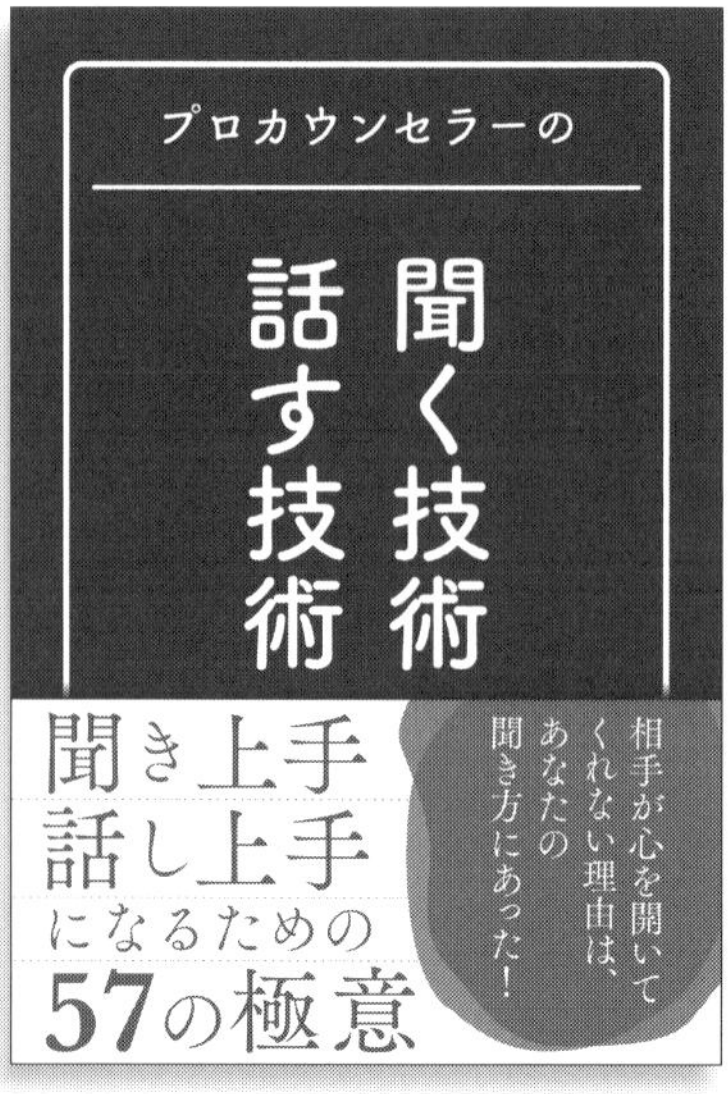

発行　マルコ社
編集　マルコ社
発売　サンクチュアリ出版
定価　本体 1300 円＋税
頁数　224P
ISBN　978-4-86113-674-0

プロカウンセラーの聞く技術・話す技術

プロカウンセラーが使っている「聞く技術」「話す技術」を徹底取材！ 聞き上手・話し上手になるための 57 の極意とは？

「人の話を素直に聞けない…」「なかなか相手が想いを打ち明けてくれない…」「気 持ちを思ったように話せない…」etc、そんな悩みを抱える方々のために、「聞き方 のコツ・話し方のコツ」をわかりやすく解説！　理論だけでなく、日々多くの相談を 受ける「現場のプロ＝カウンセラー」に取材したからこその説得力のある充実の内容！　社内での人間関係から夫婦間・友人間の会話まで、よりよい人間関係づくりの現場で役に立つ、目からウロコの「会話のコツ」が満載です！

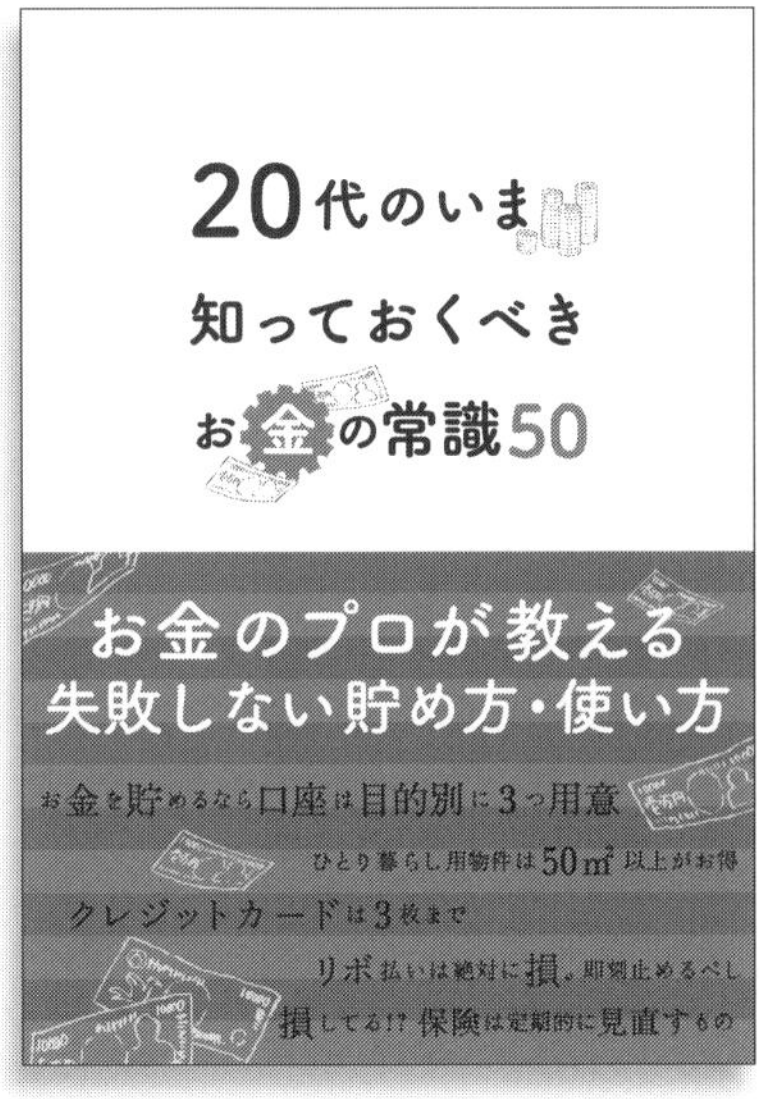

発行　マルコ社
編集　マルコ社
発売　サンクチュアリ出版
定価　本体1300円＋税
頁数　224P
ISBN　978-4-86113-673-3

20代のいま知っておくべき お金の常識50

お金の専門家に総力取材！
こんな時代だからこそ、知っておきたい
20代のための「お金の常識」を徹底解説

リーマンショック、3.11大震災の影響で、かつてない不安定な社会情勢が続くニッポン。経済の先行きが不透明になる中、ボーナスが減り、給料も思うようにあがってくれません。ワーキングプアと表現される若者は所得や貯蓄が少なく、貯金、結婚、住まい、老後の生活費など、「お金」に関する不安でいっぱいです。本書ではそんな20代の若者が抱える「お金の不安」を解消すべく、お金のプロへの総力取材を敢行。これからの社会を乗り切るための新たな「お金の常識」を提案していきます。失敗しないお金の貯め方・使い方がこれですべて分かります！

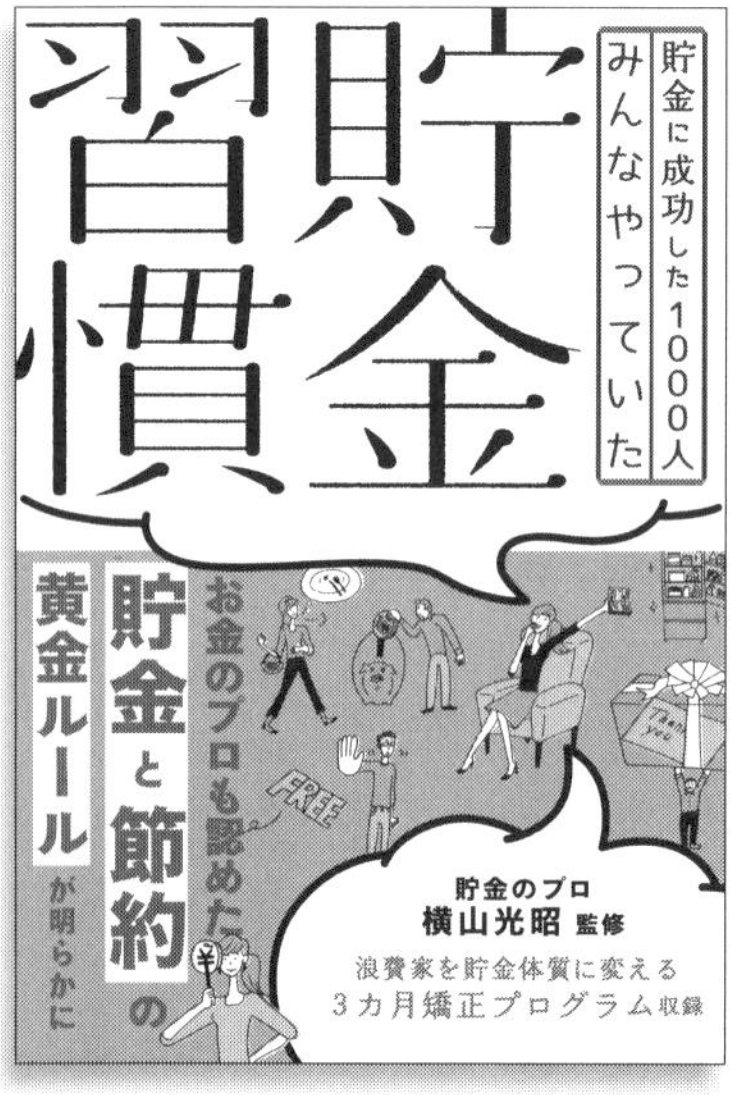

発 行　マルコ社
編 集　マルコ社
発 売　サンクチュアリ出版
定 価　本体 1150 円＋税
頁 数　256P
ISBN　978-4-86113-676-4

貯金に成功した 1000 人みんなやっていた
貯金習慣

年収 200 万円でも貯金できる
貯金と節約の黄金ルールがあった！
貯金に成功した 1000 人が実践した貯金法を掲載！

貯金に成功した 1000 人が実践したリアルで本当に効果的な貯金法を掲載！　貯金術や節約アイデア、給与を増やすコツ、投資の心得など、“増やすテクニック”も紹介しています。また、20 万部突破のベストセラー『年収 200 万円からの貯金生活宣言』の著者・横山光昭さんが本書のために考案した「60 日貯金矯正プログラム」も掲載！　「貯金が続けられない…」「いくら貯金すればいいの？」など、貯金の不安・疑問がある方必見のマネー実用書です。

【取材協力】

■ トーマス・マックヒュー

理化学研究所脳科学総合研究センター神経回路・行動生理学研究チームチームリーダー。1994年カリフォルニア大学で分子細胞生物学の学位を取得。その後、マサチューセッツ工科大学の生物学学位プログラムを経て、利根川進博士とマット・ウィルソン博士のもとで海馬学習と記憶に関する研究に参加。同大学で、場所細胞や記憶機能の構造における可塑性・伝送の研究に関わったあと、2009年から理化学研究所脳科学総合研究センターに所属し、神経回路・行動生理学研究チームを率いている。

■ 寺尾安生

杏林大学医学部教授。1989年東京大学医学部医学科卒業。日本赤十字医療センター、東京都立神経病院、東京大学病院で勤務後、スウェーデンのウメオ大学に留学。帰国後、東京大学病院神経内科助教授、同講師などを経て、2016年より杏林大学医学部教授に。専門分野は神経生理学、運動生理、眼球運動、磁気刺激法など。磁気刺激法を用いた大脳皮質機能の解明や、ヒトにおける時間的情報処理機構の解明と神経疾患患者における病態の研究などを行っている。

■ 森昭雄

日本大学文理学部教授（医学博士）。1971年日本大学大学院を修了し、日本大学医学部生理学講師、米国ロックフェラー大学研究員、カナダクイーンズ大学客員教授などを経て、1998年より日本大学文理学部教授に。専門分野は脳神経科学。特に前頭前野の働きを専門にしている。また、発育・発達、認知症の研究およびゲームやインターネットが脳に及ぼす影響についての研究も行っている。

■ 中谷裕教

東京大学大学院総合文化研究科進化認知科学研究センター助教。1996年東北大学工学部電子工学科を卒業。東北大学大学院工学研究科助手、理化学研究所脳科学総合研究センター研究員、科学技術振興機構戦略的創造研究推進事業岡ノ谷情動情報プロジェクト研究員などを経て、2014年より現職。理化学研究所脳科学総合研究センター認知行動連携研究チーム客員研究員も兼任している。研究テーマに将棋のプロ棋士を対象にした熟練者の直観、だまし絵の認識、認知的構え、情動と社会的意思決定などがある。

■ 松元健二

玉川大学脳科学研究所教授。1991年帯広畜産大学畜産部獣医学科卒業。1996年京都大学大学院理学研究科博士後期課程修了。理化学研究所脳科学総合研究センター 研究員、カリフォルニア工科大学神経科学訪問研究員、玉川大学脳科学研究所准教授、専修大学人間科学部兼任講師などを経て、2011年より現職。専門分野は認知神経科学。人間の主体性の脳内機序を解明するために、目標指向行動や動機づけの神経基盤などを研究している。

要領が悪かった私が
たった５分の「頭脳ノート」メソッドで
『記憶力』『アイディア力』『情報整理力』
が覚醒した理由

2016年11月10日　初版第1刷発行

編集　マルコ社
執筆　verb
デザイン　小山悠太
イラスト　株式会社コットンズ
校正　ディクション株式会社

発行者　梅中伸介
発行所　マルコ社（MARCO BOOKS PTE.LTD.）
〒151-0053　東京都渋谷区代々木3-1-3　AXISビル5F
電話：03-5309-2691　FAX：03-5309-2692
e-mail：info@marcosha.co.jp
公式 facebook：http://www.facebook.com/marcosha2010
ウェブサイト：http://www.marcosha.co.jp

発売　サンクチュアリ出版
〒151-0051　東京都渋谷区千駄ヶ谷 2-38-1
電話：03-5775-5192　FAX：03-5775-5193

印刷・製本　株式会社 シナノ パブリッシング プレス

ISBN978-4-86113-681-8